Inhaltsverzeichnis

W0401532

Vorbemerkungen

Liebe Kolleginnen und Kollegen,
es gibt kaum ein Thema, das den Kindern durch das Fernsehen so verfälscht und klischeehaft dargestellt wird, wie das Leben der Indianer. Es scheint für die Kinder nur den reitenden und mit Cowboys kämpfenden Indianer zu geben, der abends mit der Friedenspfeife vor dem Marterpfahl sitzt und die erbeuteten Skalps zählt.
Unser Anliegen ist es, in Form der Werkstattarbeit, den Kindern einen differenzierteren Einblick in das alltägliche Leben der Indianer zu geben. Denn aufgrund der verschiedenen landschaftlichen und klimatischen Bedingungen in Nordamerika gab es auch höchst unterschiedliche Indianerstämme. Sie unterschieden sich nicht nur im Aussehen und in der Kleidung, sondern auch in der Vielfalt der Sprache, der Behausungen, der Nahrungssuche, der sozialen und kulturellen Strukturen.
Damit die Kinder trotzdem die Übersicht behalten, haben wir uns zum Teil auf bestimmte kulturelle und geografische Regionen beschränkt (Südwesten, Nordwesten, Prärielandschaft, Nordosten).
Was uns für die Erarbeitung des Themas „Indianer" wichtig erscheint und sich in den Arbeitsangeboten wiederfindet und auch in den Reflexionen mit den Kindern deutlich werden sollte, ist für Ihren Überblick hier kurz zusammengefasst:

- Die Indianer sind die Ureinwohner Amerikas.
- Bei der Werkstatt handelt es sich nur um Indianer Nordamerikas.
- Es gab nicht „den Indianer", sondern zahlreiche Stämme mit unterschiedlichsten Lebensformen.
- Der besondere Glaube bestimmte das Leben, die Handlungsweisen und Rituale der Indianer.
- Die Indianer waren ein Naturvolk, das in einem einzigartigen Umgang und in enger Verbundenheit mit der Natur lebte.
- Die Indianer wurden ihres Landes beraubt und leben heute zum Teil sehr armselig in Reservaten, die von Weißen errichtet wurden.

Viel Spaß bei der Indianerwerkstatt wünschen

Julia Bracke und Anja Walter

BVK LW30 • Julia Bracke / Anja Walter: Lernwerkstatt „Indianer"

Tipps zur Organisation

Die Materialien sollten für die Kinder frei zugänglich sein und können auf Tischen, Regalen oder Fensterbänken liegen. Die Auftragskarten werden über dem Ablagefach aufgehängt oder (am besten farbig für die bessere Unterscheidbarkeit) mit ins Ablagefach gelegt. Das hätte den Vorteil, dass die Kinder die Karte auch mit an den Platz nehmen können. Als Hilfe für die Übersicht sollten die Ablagefächer mit den Angebotsnummern versehen werden.

Die Verteilung der Chefämter kann durch die Kinder selbst nach ihrem persönlichen Interesse am Thema geschehen oder durch die Lehrkraft, die sich auch an der geforderten Leistungsfähigkeit des Kindes orientieren kann.
Wäscheklammern an den Ablagekörbchen, die mit den Kindernamen versehen sind, lassen schnell die Chefs der jeweiligen Station erkennen.
Zum einen bekommen die Kinder die Werkstattübersicht ausgehändigt, um ihre fortlaufenden Arbeiten abzuhaken, aber auch, um sie vom Chef nach der Kontrolle unterschreiben zu lassen. Wir hängen zur Orientierung immer ein Werkstattübersichtsblatt (hochkopiert auf 144 %) im Klassenraum auf, auf dem die Chefs eingetragen werden oder andere Hinweise vermerkt werden können (zum Beispiel: Angebot steht im Flur ...).
Zur Selbstkontrolle kann ein ausgefülltes Arbeitsblatt (ggf. in einer Schutzhülle und farbig kopiert) mit ins Ablagefach gelegt werden.

Die Texte und Arbeitsblätter sind selbstverständlich auch im herkömmlichen Sachunterricht einsetzbar. Im Anhang haben wir zudem Vorschläge für die Fächer Kunst, Musik und Sport aufgeführt, die das fächerübergreifende Behandeln des Themas ermöglichen.

Zu dem Thema „Indianer" gibt es zahlreiche Kindersachbücher (s. Literaturliste), es lohnt sich, einen Büchertisch einzurichten. Kinder, die mit allen Angeboten schon fertig sind, könnten hier „forschen" und in kleinen „Referaten" über noch unbekannte Sachverhalte berichten.

BVK LW30 • Julia Bracke / Anja Walter: Lernwerkstatt „Indianer"

Tipps zur Einführung der Werkstatt

In einem Gespräch sollten die Kinder die Gelegenheit bekommen, ihre Vorerfahrungen zum Thema zu äußern. Das bietet sich bei dem Thema „Indianer“ besonders an, weil jedes Kind dazu Vorstellungen - derzeitig sicherlich noch sehr klischeehaft - hat. Auf einer großen Weltkarte sollte Nord- und Südamerika gesucht werden. Außerdem sollten die Kinder erfahren, dass es sich in der Werkstatt nur um die Indianer Nordamerikas handelt, es jedoch in Südamerika auch verschiedene Indianerstämme (Ureinwohner) gab.
Es kann sehr reizvoll sein, wenn das Angebot 3, „Indianische Namen“, als Einstieg vorab im Klassenverband bearbeitet wird. Während der Arbeit in der Werkstatt könnte man sich mit den indianischen Namen ansprechen.
Die Angebote 24 und 25 greifen „das Ende“ der Indianer auf. Diese Thematik kann auch zurückgehalten werden und zum Abschluss im Klassenverband bearbeitet werden.

Bewertung der Werkstatt:
Wenn Sie den Kindern eine Rückmeldung über ihre Arbeit in der Werkstatt geben möchten, schlagen wir dieses Raster zum Ankreuzen vor. Es bewertet ganz allgemeine Kriterien.

Liebe / r			
So hast du in der Indianerwerkstatt gearbeitet:			
Du hast die Werkstattregeln beachtet.			
Du hast deine Chefaufgabe ausgeführt.			
Du hast konzentriert gearbeitet.			
Du hast selbstständig die Arbeitsaufträge erfasst.			
Du hast deine Mappe in Ordnung gehalten.			
Du hast dich im Gesprächskreis beteiligt.			
Kommentar: ______________________________			

BVK LW30 • Julia Bracke / Anja Walter: Lernwerkstatt „Indianer“

Hinweise zu den Arbeitsangeboten

Angebot 1:
Dem Angebot sollte eine Weltkarte beigefügt werden.

Angebot 2:
Die Lesetexte zu den einzelnen Indianerstämmen sollten wie Karteikarten (am besten laminiert) zur Auswahl angeboten werden.

Angebot 3, 4, 6, 8, 9, 16, 17, 18, 19, 21, 22, 24, 25:
Die Lesetexte bzw. die Anleitungen sollten kopiert und am besten laminiert werden.

Angebot 3:
Auf dem Arbeitsblatt ist eine Vorlage für ein Namensschild. Es sollte für alle Kinder kopiert werden. Am besten lässt man es auf feste Pappe kleben, damit die Kordel besser hält.

Angebot 6:
Für das Kernspiel benötigen die Kinder eine Schale, drei Obstkerne oder Steine, die von einer Seite bemalt sind, Notizzettel und einen Stift.

Angebot 8:
Für die Tipis werden Schaschlikspieße, Zahnstocher, Faden, festes Papier (ggf. Tonpapier), Stifte zum Bemalen sowie für jedes Kind eine Kopie der Schablone benötigt.

Angebot 16:
Für das magische Auge brauchen die Kinder zwei Aststückchen oder zwei Zahnstocher, verschiedene Wollfäden und eine Schere.

Angebot 19:
Für das Federschmuck-Lexikon benötigen die Kinder Schere, Kleber und Stifte.

Angebot 24:
Die Satzstreifen sollten kopiert, laminiert und ausgeschnitten werden.

Angebot 25:
Für das Quiz müssen die Quizkarten kopiert, laminiert und ausgeschnitten werden.

BVK LW30 • Julia Bracke / Anja Walter: Lernwerkstatt „Indianer"

Literaturhinweise

Bücher:

Appich, M.: Im Land der Indianer, Südwest Verlag, 1999

Berger, U.: Was Kinder wissen wollen: Warum tragen Indianer Federn? Verblüffende Antworten über Indianer, Velber Verlag, 2005

Blank, H.: Ich bin ein Indianer, moses. Verlag, 2000

Buller, L.: Megawissen Indianer. Das Leben der Ureinwohner Nordamerikas, Dorling Kindersley Verlag, 2002

Cratzius, B.: Indianer - Frühling, Neue Geschichten, Lieder, Sing- und Bewegungsspiele, Rätsel, Rezepte und Bastelideen für kleine Indianer, Verlag Herder, 1997

DeCali, E.; Maza, M.: Was ist was?, Quizblock, Indianer, Tessloff Verlag, 2001

Gloor, E.: Für kleine Indianer, Bastelbär, Ravensburg, 1997.

Grenier, N.: Auf der Spur der Indianer: Die Welt entdecken, Ravensburger Buchverlag, 1998

Haslam, A.; Parsons, A.: Indianer und ihre Welt: Entdeckt und nachgebaut, Tessloff Verlag, 1996

Hetmann, F.: Märchen der Welt (Indianermärchen), Fischer Verlag, o. J.

Krenzer, R.; Weber, M.; Janetzko, S.: Das große Buch von den kleinen Indianern, Ellermann Verlag, 1998

Kronfli, J.; Budde, P.: Fliegende Feder. Indianische Kultur in Spielen, Liedern, Tänzen und Geschichten, Ökotopia Verlag, 1998

Leintz, L.; Pohl, D.: Erklär mir was! - Die Indianer, Xenos Verlag, 2005

Niederfahrenhorst, A.; Niederfahrenhorst V.: Indianermärchen. CD, Patmos Verlag, 2003

Schindler, N.; Vohwinkel, A.: Im Dorf der Indianer, Carlsen, 2003

Seiler, S.: Was ist was?, Bd. 42, Indianer, Tessloff Verlag, 2002

Sommer, J.: Oxmox ox Mollox. Kinder spielen Indianer, Ökotopia Verlag, 1999

Weinhold, A.: Bei den Indianern, Ravensburger Buchverlag, 2002

Zeitschriften und CDs:

- Zeitschrift „Musik in der Grundschule“: Thema „Indianer“ mit CD, Nr. 1, Schott Verlag, 2001
- Zeitschrift „Grundschule Musik“: Thema „Cowboys und Indianer“ (Heft und CD erhältlich), Nr. 16, Kallmeyer Verlag, 2000
- „Indianer-Trommeltanz“ in: Hering, W.: Kunterbunte Bewegungshits, Ökotopia Verlag, 2002

BVK LW30 • Julia Bracke / Anja Walter: Lernwerkstatt „Indianer“

Werkstattplan von ____________________

Nr.	Angebot	erledigt	Chef
1	Warum heißen die Indianer „Indianer"?		
2	Indianerstämme Nordamerikas		
3	Indianische Namen		
4	Familienleben und Erziehung		
5	Aufgaben in der Familie		
6	Ein indianisches Spiel		
7	Behausungen		
8	Tipi bauen		
9	Der Bison		
10	Jagdmethoden		
11	Nahrungsquellen und Jagdbeute		
12	Tierspuren erkennen		
13	Indianischer Kalender		
14	Der heilige Kreis		
15	Indianischer Glaube		
16	Das magische Auge		
17	Indianisches Märchen		
18	Indianische Feste		
19	Federschmuck		
20	Die Adlerfeder		
21	Zeichensprache		
22	Indianische Bilderschrift		
23	Indianische Muster zeichnen		
24	Als die Weißen kamen		
25	Reservate		

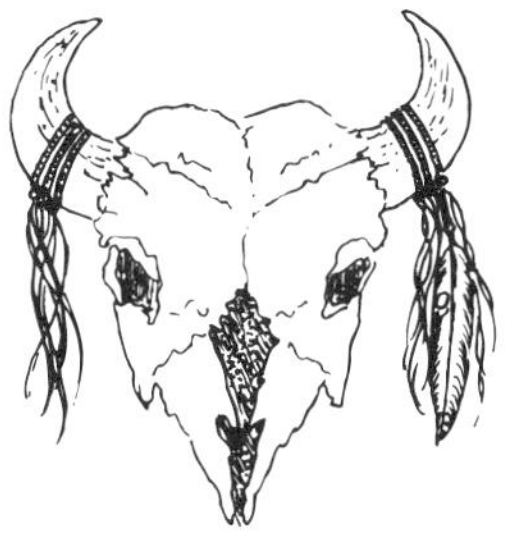

BVK LW30 • Julia Bracke / Anja Walter: Lernwerkstatt „Indianer"

1: Warum heißen die Indianer „Indianer"?

1. Lies den Text.
2. Suche auf einer Weltkarte Italien, Spanien, Indien, Nordamerika und Südamerika.
   Findest du die Insel San Salvador?
3. Beschrifte diese Länder und Kontinente auf dem Arbeitsblatt und male sie in verschiedenen Farben an.
4. Zeichne den Seeweg von Spanien nach Nordamerika ein.
5. Zeichne den Seeweg von Spanien nach Indien in gestrichelter Linie ein.

BVK LW30 • Julia Bracke / Anja Walter: Lernwerkstatt „Indianer"

2: Indianerstämme Nordamerikas

In Amerika lebten über hundert verschiedene Indianerstämme. Alle lebten ganz unterschiedlich, denn sie passten ihre Lebensgewohnheiten an ihre Umgebung an.

1. Schaue die Karteikarten durch.
   Für welchen Indianerstamm interessierst du dich am meisten?
2. Schreibe über diesen Stamm einen Steckbrief (Arbeitsblatt) mit Hilfe der Karteikarte.

BVK LW30 • Julia Bracke / Anja Walter: Lernwerkstatt „Indianer"

3: Indianische Namen

1. Lies den Text auf dem Arbeitsblatt.
2. Gib dir selbst einen passenden Indianernamen.
3. Bastle ein Namensschild mit deinem neuen Namen zum Umhängen.

BVK LW30 • Julia Bracke / Anja Walter: Lernwerkstatt „Indianer“

4: Familienleben und Erziehung

Die Indianer lebten in großen Familien zusammen.
Vieles war bei ihnen ganz anders als bei uns.

1. Nimm den Lesetext und lies ihn in Ruhe.
2. Nimm dann das Kreuzworträtsel (Arbeitsblatt) und löse es.

BVK LW30 • Julia Bracke / Anja Walter: Lernwerkstatt „Indianer“

5: Aufgaben in der Familie

Auf dem Bild siehst du den Alltag der Prärie-Indianer.
Jeder hatte seine Aufgabe.

1. Schaue dir das Bild genau an.
2. Schreibe die fehlenden Verben (Tuwörter) in den Text.
3. Male die Tätigkeiten der Indianer aus dem Lesetext im Bild bunt an.

BVK LW30 • Julia Bracke / Anja Walter: Lernwerkstatt „Indianer"

6: Ein indianisches Spiel

Die Indianer spielten gerne und kannten auch viele unterschiedliche Spiele.
Sie lachten und vergnügten sich gern.

1. Suche dir vier Mitspieler.
2. Lest den Text über die Spiele der Indianer und die Spielregeln zum Kernspiel.
3. Spielt selbst das Kernspiel.

BVK LW30 • Julia Bracke / Anja Walter: Lernwerkstatt „Indianer"

BVK LW30 • Julia Bracke / Anja Walter: Lernwerkstatt „Indianer“

7: Behausungen

Die verschiedenen Indianerstämme lebten in ganz unterschiedlichen Behausungen, weil das Klima in dem großen Amerika überall anders war.
Im Norden war es sehr kalt, während im Südwesten glühende Hitze herrschte.

1. Schneide die Bilder und Texte aus.

2. Ordne dann jedem Bild einen Text zu und klebe sie auf (auf das Blatt / in dein Heft).

BVK LW30 • Julia Bracke / Anja Walter: Lernwerkstatt „Indianer“

8: Tipi bauen

Die Prärie-Indianer wohnten in Stangenzelten.
Die Zeltwände bestanden aus Bisonhäuten.
Oben hatte das Tipi eine Öffnung, aus welcher der Rauch des Feuers abziehen konnte.

Nimm die Anleitung und baue dir selbst ein Tipi.

9: Der Bison

1. Nimm den Lesetext und lies ihn in Ruhe.
   Präge dir alles gut ein.

2. Nimm nun das Arbeitsblatt und beantworte die Fragen.

BVK LW30 • Julia Bracke / Anja Walter: Lernwerkstatt „Indianer“

10: Jagdmethoden

Das Jagen der riesigen, wilden und starken Bisons war eine gefährliche Angelegenheit.
Pferde hatten die Prärie-Indianer erst viel später.
Sie wurden durch die Spanier zu den Indianern gebracht.

1. Schaue dir die Bilder auf dem Arbeitsblatt an.

2. Beschreibe nun ganz genau, wie die Indianer (z. B. mit welchen Tricks) die Büffel gejagt haben.

BVK LW30 • Julia Bracke / Anja Walter: Lernwerkstatt „Indianer“

BVK LW30 • Julia Bracke / Anja Walter: Lernwerkstatt „Indianer“

11: Nahrungsquellen und Jagdbeute

1. Lies den Text auf dem Arbeitsblatt.

2. Trage anschließend die Wörter aus dem Kasten in die passende Spalte der Tabelle.

BVK LW30 • Julia Bracke / Anja Walter: Lernwerkstatt „Indianer“

12: Tierspuren erkennen

Um bei der Jagd erfolgreich zu sein, mussten die Indianer die Spuren von Tieren erkennen können.
Die Indianer sahen sogar, wie frisch die Spuren waren oder wie schwer und wie alt ein Tier war.

Versuche, die Tierspuren auf dem Arbeitsblatt zu lesen. Schreibe die richtigen Zahlen zu den Tierspuren.

13: Indianischer Kalender

Die Prärie-Indianer hatten keinen Kalender wie wir.
Sie rechneten mit der Zeit von einem Neumond zum nächsten,
was bei uns ungefähr ein Monat ist.
Die „Monate" wurden bei den Indianern „Monde" genannt und
mit einem typischen Naturereignis verbunden.
Für jeden „Mond" gab es ein besonderes Bildzeichen.

Erfinde Zeichen für jeden Monat.

BVK LW30 • Julia Bracke / Anja Walter: Lernwerkstatt „Indianer"

14: Der heilige Kreis

1. Lies den Text auf dem Arbeitsblatt.
2. Zeichne in den Kreis alle runden Dinge aus der Natur, die im Text stehen.
3. Fallen dir noch andere Dinge aus der Natur ein, die dich an die Form des Kreises erinnern? Male sie dazu.

BVK LW30 • Julia Bracke / Anja Walter: Lernwerkstatt „Indianer"

BVK LW30 • Julia Bracke / Anja Walter: Lernwerkstatt „Indianer“

15: Indianischer Glaube

So unterschiedlich die Indianerstämme waren, so unterschiedlich war auch ihr Glaube.
Die Indianer glaubten an verschiedene Götter und Geister.
Ihr Leben, der Jagderfolg, das Wetter, alles wurde durch ihre Götter beeinflusst.

1. Schneide die Bilder und Texte aus.

2. Ordne dann jedem Bild einen Text zu und klebe sie auf (Heft / Blatt).

BVK LW30 • Julia Bracke / Anja Walter: Lernwerkstatt „Indianer“

16: Das magische Auge

Das „magische Auge“ wurde von Indianermädchen gebastelt.
Sie fertigten es aus Aststücken, Grashalmen und bunten Fäden.
Das „magische Auge“ war eine Geisterfalle.
Es wurde an besonders gefährlichen Wegstellen befestigt.

1. Bastle auch ein „magisches Auge“.

2. Lies dazu die Bastelanleitung.

Wo würdest du das „magische Auge“ anbringen?

17: Indianisches Märchen

1. Lies das Märchen „Wie das Feuer auf die Erde kam" von dem Stamm der Cherokee (aus dem Südosten Amerikas).

2. Male auf dem Arbeitsblatt eine Bildergeschichte zu den einzelnen Abschnitten des Märchens.

3. Schreibe zu jedem Bild eine passende Überschrift.

BVK LW30 • Julia Bracke / Anja Walter: Lernwerkstatt „Indianer"

18: Indianische Feste

Die Indianer feierten gerne große Feste, bei denen Musik gespielt und viel getanzt wurde.

1. Lies den Text über die Feste der Indianer in Ruhe.

2. Beantworte dann die Fragen auf dem Arbeitsblatt.

BVK LW30 • Julia Bracke / Anja Walter: Lernwerkstatt „Indianer"

19: Federschmuck

Jeder Indianerstamm hatte seine eigene Kopfbedeckung, doch nicht alle Indianer trugen Federschmuck.
Der Kopfschmuck der Männer ließ oft den Rang seines Trägers erkennen.
Eine einzelne Feder stand meistens für einen besonderen Verdienst im Kampf.

1. Lies das Arbeitsblatt über den Federschmuck der Indianer.

2. Nimm dir nun den Bastelbogen und stelle dein eigenes kleines Federschmuck-Lexikon her.

BVK LW30 • Julia Bracke / Anja Walter: Lernwerkstatt „Indianer"

20: Die Adlerfeder

Die Indianer verehrten den Adler.
Er war für sie der König der Lüfte.
Besonders geschätzt wurde der Adler wegen seiner Federn.
Aus den Federn wurde eine Kopfbedeckung gefertigt, die nur bedeutende Krieger tragen durften.

1. Schaue dir die Bilder an.

2. Schreibe zu den Bildern, wie der Indianer den Adler überlistet.

BVK LW30 • Julia Bracke / Anja Walter: Lernwerkstatt „Indianer"

21: Zeichensprache

Die Zeichensprache der Indianer stammt aus dem Gebiet der weiten Prärie, wo Jäger verschiedener Stämme oft zufällig aufeinandertrafen, die unterschiedliche Sprachen benutzten. Man gab sich mit Zeichen zu verstehen, ob man Freund oder Feind war und stellte Gedanken durch Gesten dar.

1. Schaue dir die Zeichnungen genau an.

2. Erzähle dann einem Kind aus deiner Klasse etwas mit Zeichensprache.

3. Übe eine bestimmte Botschaft ein und stelle sie deiner Klasse vor.

BVK LW30 • Julia Bracke / Anja Walter: Lernwerkstatt „Indianer"

22: Indianische Bilderschrift

Die Indianer schrieben im Sommer alle wichtigen Erlebnisse ihres Stammes mit Bildzeichen auf Büffelhaut.
Im Winter, wenn die Abende länger wurden und die Indianer zusammen in ihren großen Zelten saßen, rollten die Stammesältesten die Häute wieder auseinander.
Dann sahen sie sich die Bildzeichen an, erinnerten sich an die vergangenen Erlebnisse und erzählten sich Geschichten.

1. Male die Bildzeichen ab (Blatt / Heft).

2. Schreibe zu jedem Zeichen einen Begriff aus dem Kasten.

3. Du kannst auch eine eigene Geschichte mit Schriftzeichen aufschreiben, Bilder dazu erfinden und einem Kind erzählen.

BVK LW30 • Julia Bracke / Anja Walter: Lernwerkstatt „Indianer"

23: Indianische Muster zeichnen

Die Indianer verzierten ihre Töpfe und Kleidung häufig mit geometrischen Mustern.
Dreiecke, Quadrate und Punkte wurden gewebt, gestickt oder aufgemalt.

1. Zeichne die Muster auf dem Arbeitsblatt weiter.
2. Denke dir mindestens zwei weitere Muster aus.
   Zeichne sie in dein Heft oder auf ein kariertes Blatt.
3. Male die Muster bunt aus.

BVK LW30 • Julia Bracke / Anja Walter: Lernwerkstatt „Indianer“

24: Als die Weißen kamen

1. Lies den Lesetext genau.
2. Verbinde die zusammengehörigen Satzstreifen.
3. Schreibe die Sätze richtig in dein Heft / auf ein Blatt.

BVK LW30 • Julia Bracke / Anja Walter: Lernwerkstatt „Indianer“

25: Reservate

1. Suche dir mindestens zwei Mitspieler.

2. Lest den Lesetext ganz genau.

3. Spielt nun das Quiz:
   - Legt die Quizkarten verdeckt in die Mitte.
   - Lest euch abwechselnd die Fragen auf den Karten vor.
   - Es gewinnt, wer die meisten Fragen richtig beantworten kann.

4. Wer mag, kann noch weitere Quizkarten schreiben.

BVK LW30 • Julia Bracke / Anja Walter: Lernwerkstatt „Indianer“

BVK LW30 • Julia Bracke / Anja Walter: Lernwerkstatt „Indianer“

1: Warum heißen die Indianer „Indianer“?

Lesetext:
Es liegt mehr als 500 Jahre zurück, da wollte ein bekannter italienischer Kapitän, Christoph Kolumbus, mit seinem Segelschiff „Santa Maria“ nach Indien segeln. In Indien sollte er für die spanische Königin Seidenstoffe, Parfüm, Gewürze, Farben und Elfenbein besorgen, was in Europa sehr gefragt war. Kolumbus stach mit 120 Leuten von der spanischen Küste aus in See. Er überquerte den Atlantischen Ozean. Nach mehr als drei Monaten erreichte er Festland. Es war San Salvador, eine kleine Insel der Inselgruppe Bahamas. Kolumbus dachte, er hätte einen neuen Seeweg nach Indien gefunden. Deshalb nannte er die Bewohner „Indianer“. Jedoch war er nicht in Indien, sondern er hatte einen neuen Erdteil, das heutige Amerika, entdeckt. Mit diesem Irrtum beginnt für uns die Geschichte von Amerika.

BVK LW30 • Julia Bracke / Anja Walter: Lernwerkstatt „Indianer“

2: Indianerstämme Nordamerikas

Indianerstämme der Nordwestküste

An der Nordwestküste Amerikas (das heutige Kanada) lebten die Stämme Nootka, Haida, Tsimshian, Tlingit und noch weitere. In dieser Gegend war es im Sommer warm und feucht und im Winter feucht und kühl. Diese Indianer jagten mit ihren selbstgebauten Kanus aus Holz im Meer nach Robben und Seehunden. Sie waren auch tapfere Walfänger.

An der Küste sammelten sie Muscheln und Schalentiere und in den Flussläufen fingen sie Lachse. Im Winter jagten sie im Wald nach Hirschen, Bibern, Ottern und Bären. Ihre Kleidung nähten sie aus Tierhäuten und Bast. Ihre Häuser waren aus Holzplanken gebaut.

Durch kunstvolle Schnitzarbeiten sind diese Indianer berühmt geworden. In große Baumstämme ritzten und malten sie Symbole ihrer Familie. Diese Totempfähle erzählen auch Geschichten und Taten von Vorfahren. Die Totempfähle waren zum Teil einige Meter hoch und standen an den Häusern.

Tlingit

Tanzkopfbedeckung der Tlingit

BVK LW30 • Julia Bracke / Anja Walter: Lernwerkstatt „Indianer"

2: Indianerstämme Nordamerikas

Indianerstämme des Südwestens

Hopi-Frau

Die bekanntesten Indianer im Südwesten von Amerika (heute oberhalb von Mexiko) waren die Stämme der Pueblos, zum Beispiel die Hopis und Navajos. Sie lebten in einem heißen und trockenen Gebiet mit vielen Felsen, Schluchten und Wüsten. Das ganze Jahr über war es trocken und heiß. Ihre Häuser aus Lehm und Stein waren zum Teil an steile Felswände gebaut. Diese Indianer bauten Mais, Bohnen, Obst und Tabak an. Die Frauen bereiteten Fleisch und Maisfladen auf heißen Steinplatten zu und Bohnengerichte in selbstgemachten Tongefäßen. Als Haustiere hielten sie sich Ziegen und Truthähne. Die Kleidung der Indianer war aus Baumwolle. Die Stoffe wurden gewebt und schön verziert und als Poncho oder Umhang getragen.

Diese Indianer konnten gut töpfern und waren berühmt für ihre bemalten Gefäße.

Poncho

Dazu gab es regelmäßig Feste, bei denen Indianer verkleidet tanzten.

Die Pueblo-Indianer glaubten an Katchinas. Katchinas sind Geister, welche die Wünsche der Indianer an die Götter weitergeben.

Katchina-Puppe für Kinder

Kopf eines Katchina-Tänzers

Katchina-Tänzer

BVK LW30 • Julia Bracke / Anja Walter: Lernwerkstatt „Indianer“

2: Indianerstämme Nordamerikas

Indianerstämme des Nordostens

Im Nordosten von Amerika lebten die Waldindianer wie die Irokesen, Huronen, Ottawa und Chippewa. In diesen nordöstlichen Gebieten gibt es viele Seen, Flüsse und Wälder. Im Sommer war es schön warm und im Winter kalt. Ihre langen Häuser waren aus Holz und Baumrinde gebaut. Hier hatten mehrere Familien Platz. Ihre Dörfer zäunten sie mit Holzpfählen ein. Die meisten Indianer waren Ackerbauern und pflanzten Mais, Bohnen, Sonnenblumen, Kürbis und Tabak an. Sie bauten Boote aus Baumrinden und fingen in den großen Seen Fische und Muscheln. Die Männer gingen auch zur Jagd und erlegten Hirsche, Elche, Bären und Biber. Aus diesen Fellen nähten sie sich ihre Kleidung.

Irokese

Die Irokesen waren bekannt für ihre Wampuns. Das waren Gürtel, die aus vielen Perlen- oder Muschelketten gewebt wurden. Sie dienten als Schmuck oder Zahlungsmittel.

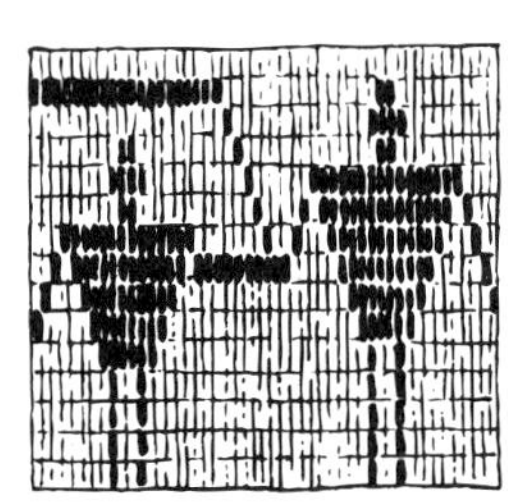

Wampun-Ausschnitt

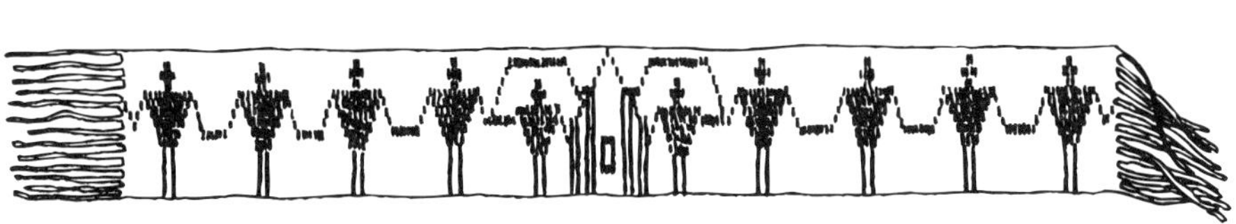

BVK LW30 • Julia Bracke / Anja Walter: Lernwerkstatt „Indianer"

2: Indianerstämme Nordamerikas

Indianerstämme der Prärie-Landschaft

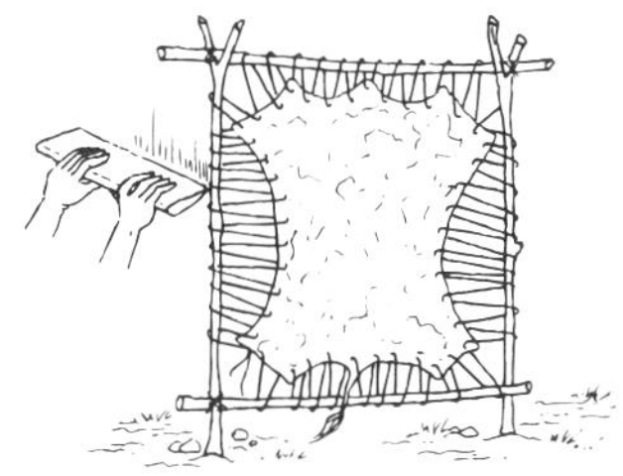

Tierhaut

„Prärie-Landschaft" bedeutet „Graslandschaft" (man findet sie in der Mitte der USA). Dort lebten die Sioux, Kiowa, Blackfoot, Crow, Komantschen und andere. Hier war es im Sommer heiß und trocken, dafür gab es schneereiche und kalte Winter. Diese Indianer lebten von der Büffeljagd. Ihre Kleidung stellten sie aus Häuten von Büffeln, Antilopen und Hirschen her. Die Frauen nähten schöne Kleider, Leggins (Hosen) und Mokassins (Schuhe).

Dakota-Indianer (Sioux)

Die Prärie-Indianer wohnten in Tipis (Stangenzelten). 20 Holzstangen bauten sie zu einem Gestell zusammen. Darüber wurden bemalte Büffelfelle gespannt. Weil sie den Büffelherden hinterherzogen, mussten die Tipis schnell auf- und abgebaut werden können. Ihre Nahrung bestand aus Büffelfleisch und Früchten.

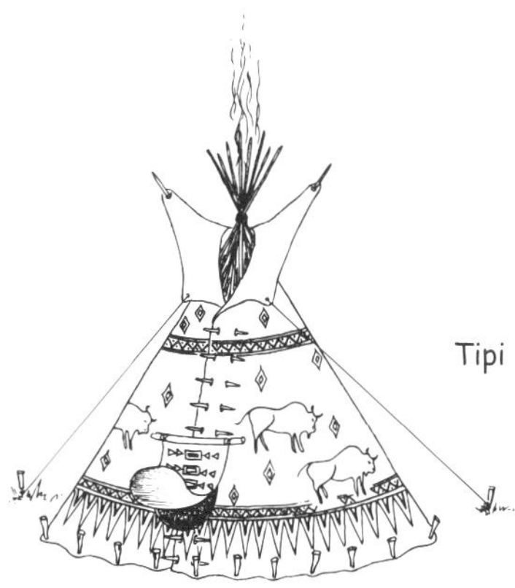

Tipi

Die Prärie-Indianer lernten erst spät das Pferd kennen. Zuvor haben die Hunde geholfen, das Gepäck zu schleppen.

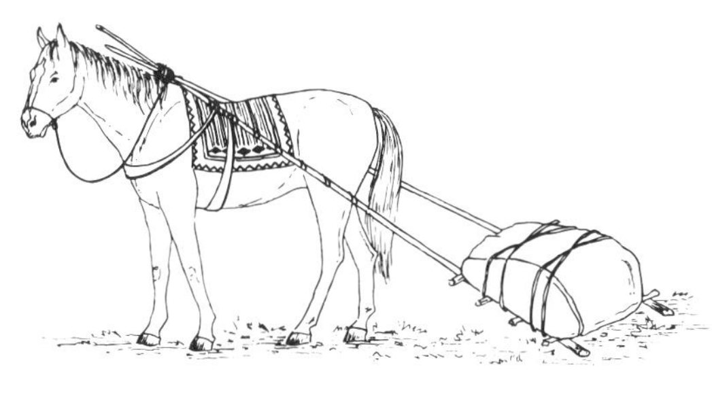

Bekannt waren diese Indianer für ihre schönen, mit Perlen bestickten Kleider und Schuhe und ihren Federschmuck.

BVK LW30 • Julia Bracke / Anja Walter: Lernwerkstatt „Indianer"

2: Indianerstämme Nordamerikas

Indianer der Polargebiete

Die Indianer namens Inuit (= Eskimos) lebten in den eisigen Gebieten in der Nähe des Nordpols. Ihr Name „Eskimo“ bedeutet „Rohfleischfresser“, weil die Eskimos gerne das Fleisch der Wale und Fische roh oder getrocknet aßen. Ihr Land war die meiste Zeit mit Eis und Schnee bedeckt. Sie wohnten in runden Schneehäusern, die man Iglus nennt. Im Winter bohrten sie Löcher ins Eis und fingen Seehunde und Fische. Im Sommer, wenn das Eis getaut war, bauten sie sich aus Rentierhäuten runde Zelte. Dann zogen sie durchs Land und jagten mit Kajaks (kleine Boote) Walrosse und Wale. Ihre Lasten wurden von Hundeschlitten gezogen. Ihre Kleidung nähten sich die Eskimos aus Fellen von Eisbären, Bären, Seehunden und Rentieren. Sie trugen warme Hosen, Stiefel und Anoraks (Jacke mit Kapuze).

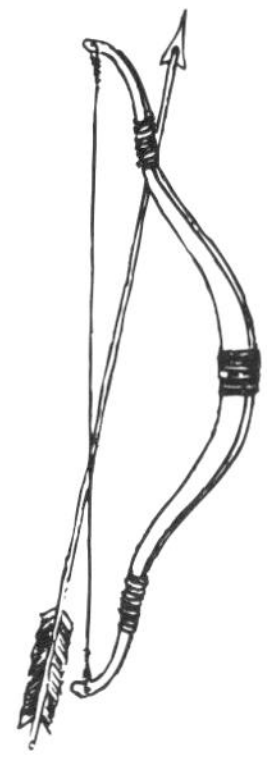

BVK LW30 • Julia Bracke / Anja Walter: Lernwerkstatt „Indianer“

2: Indianerstämme Nordamerikas

Steckbrief der Indianerstämme aus ______________________ Amerikas

Wie heißen die Indianerstämme des Gebietes?

____

Wie wohnten diese Indianerstämme?

____

____

Deine Zeichnung:

Wie ernährten sich diese Indianerstämme?

____

____

Welche Kleidung trugen die Indianerstämme?

____

Was weißt du sonst noch über diese Stämme?

____

____

____

BVK LW30 • Julia Bracke / Anja Walter: Lernwerkstatt „Indianer“

3: Indianische Namen

Lesetext:
Ein indianischer Name hatte immer eine besondere Bedeutung und richtete sich entweder nach einer Naturerscheinung (Donner, Blitz, Sternschnuppe), die am Tag der Geburt stattfand oder nach einem Tier, einer Pflanze oder einer körperlichen Eigenschaft. Allerdings konnten sich die Namen nach besonderen Ereignissen im Leben auch wieder ändern. Einige Häuptlinge besaßen sogar einen Sommer- und einen Winternamen. Die Frauen hingegen behielten ihre Namen meist ein Leben lang.

Indianernamen setzen sich meistens aus einem Adjektiv (Wiewort) und einem Nomen (Namenwort) zusammen (z. B. Schlauer Fuchs, Rote Wolke).

Achtung!
Bei Indianernamen werden auch die Adjektive (Wiewörter) groß geschrieben!

Gehe so vor:

1. Überlege: Wie bist du? (Stark, mutig, schnell, lustig ...?)
2. Wer bist du? (Eine Feder, ein Büffel, ein Adler ...?)
3. Schneide das Namensschild aus und klebe es auf die Pappe.
4. Schreibe deinen neuen Namen für alle gut lesbar auf.
5. Binde eine Kordel an dein Namensschild und hänge es dir um.

Jetzt können alle lesen, wie du ab heute heißt!

BVK LW30 • Julia Bracke / Anja Walter: Lernwerkstatt „Indianer“

4: Familienleben und Erziehung

Lesetext:
Die Indianer lebten in Großfamilien, so genannten Clans, in denen Großeltern, ihre Töchter und deren Männer und die Enkelkinder zusammenlebten. Falls ein Kind ein Elternteil durch Tod verlor, besaß es noch genügend andere „Mütter" und „Väter".
Sehr selten wurden Kinder bestraft. Schlagen war verboten, man ermahnte sie nur. Den Eltern durften sie jedoch nicht zur Last fallen. Kleinkinder wurden in Tragekörben, die mit Moos gepolstert waren, von ihren Müttern auf dem Rücken getragen. Wenn die Mütter arbeiteten, hängten sie die Körbe einfach an einen Ast. Ihre Babys konnten so das tägliche Leben beobachten. Schreien durften dagegen auch die kleinsten Kinder nicht. Schreiende Babys waren nicht nur lästig, sondern auch gefährlich. Der Lärm hätte Feinde anlocken können.

Ein Älterer oder ein Großvater begleitete die Kinder stets und brachte ihnen stundenlang die Stammessitten und -geschichte bei. Er erzählte von der Entstehung der Welt und von Abenteuern. Man brachte den Kindern in erster Linie bei, die Erde zu schützen, und half ihnen, starke und nützliche Mitglieder der Gesellschaft zu werden. Geschicklichkeit und Tapferkeit waren wichtig.

Auf die erste Büffeljagd ging ein Junge, bevor er 14 Jahre alt wurde. Erlegte er einen Büffel, so gab sein Vater ein großes Fest.
Die Frauen heirateten im Alter zwischen 12 und 14 Jahren. Nicht immer durften sie ihre Männer selbst aussuchen, manchmal wurden Hochzeiten auch von den Familien beschlossen. Die Männer waren Jäger und Krieger und zogen aus, um Büffelherden oder Feinde zu finden. Die Frauen führten den Haushalt. Sie sammelten Nahrung und bauten sie an. Alles, was eine Familie besaß, gehörte der Frau. Der Mann besaß lediglich seine Waffen und die Jagdausrüstung.

BVK LW30 • Julia Bracke / Anja Walter: Lernwerkstatt „Indianer"

4: Familienleben und Erziehung

Kreuzworträtsel

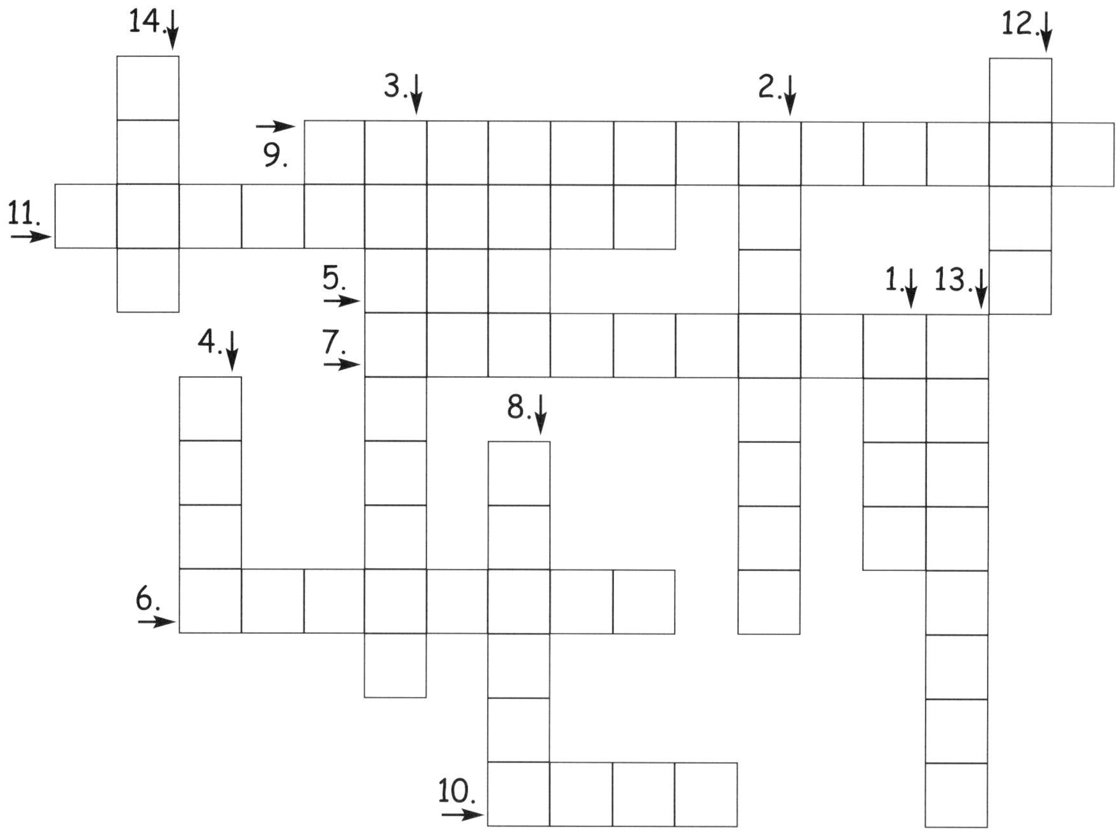

1. Wie nennt man die Großfamilie der Indianer?
2. Was tun indianische Eltern nie?
3. Worin trugen indianische Mütter ihre Babys?
4. Womit waren die Körbe für die Babys gefüllt?
5. Woran wurden die Körbe aufgehängt?
6. Was durften indianische Kinder nie?
7. Lärm war was für die Indianer?
8. Wen hätte der Lärm anlocken können?
9. Worin wurden die Kinder unterrichtet?
10. Was sollten die Kinder lernen zu schützen?
11. Welche Eigenschaft war wichtig?
12. Was gab es, wenn ein Junge zum ersten Mal einen Büffel erlegte?
13. Worum kümmerten sich die Frauen?
14. Wem gehörte der Familienbesitz?

BVK LW30 • Julia Bracke / Anja Walter: Lernwerkstatt „Indianer“

5: Aufgaben in der Familie

Die Frauen gerbten die Felle der Tiere, ______________ Kleidung und Schuhe aus Tierhäuten, _______________ das Essen, _______________ die Tipis auf und ab, _________________ sich um die Erziehung der Kinder.

Die Mädchen lernten mit sieben Jahren, Mokassins zu nähen und Wild zu ________________. Mit zehn Jahren konnten sie Felle _______________ und aus Bisonteilen Haushaltsgegenstände _________________.

Die Männer _________________ die Tiere und _______________ die Waffen her.

Die Jungen _______________ mit sieben Jahren mit Pfeil und Bogen umzugehen. Sie mussten lernen, Schmerzen zu _____________, um tapfere Krieger zu werden. Sie ________________ im Winter im kalten Fluss, _______________ durch Feuer und mussten schnell ____________________ können und sich gegenseitig vom Pferd __________________.

Verben:
sprangen, werfen, jagten, kümmerten, gerben, kochten, bauten, laufen, zerlegen, nähten, fertigen, stellten, lernten, ertragen, badeten

BVK LW30 • Julia Bracke / Anja Walter: Lernwerkstatt „Indianer"

6: Ein indianisches Spiel

Lesetext und Spielanleitung:
Nicht nur die indianischen Kinder spielten viel, sondern auch die Erwachsenen. Die Indianer kannten Rollenspiele, Geschicklichkeitsspiele, Sportspiele und Glücksspiele. Die meisten Spiele wurden in Wettkämpfen ausgetragen.
Die kleineren Kinder spielten meist Rollenspiele, die sie auf ihr Leben als Erwachsene vorbereiteten. Die Mädchen spielten häufig mit Puppen und Haushaltsgegenständen. Die Jungen übten meistens schon mit drei oder vier Jahren das Schießen mit Pfeil und Bogen.
Außerdem kannten fast alle Indianer Murmelspiele, Versteckspiele, Ball- und Wurfspiele.
Die Spiele der Erwachsenen unterschieden sich oft nicht von denen der Kinder, Wettläufe, Wettschießen, Wettschwimmen und Wettreiten gab es bei allen.

Ein beliebtes Spiel der Indianer ist das **Kernspiel**:

Ihr braucht:
- eine Schale
- fünf Mitspieler
- drei Kerne (Pflaumenkerne oder andere), die von einer Seite bemalt sind
- Zettel und Stift zum Notieren der Punkte

Spielregeln:
Die Kerne werden in die Schale gelegt. Die Spieler sitzen im Kreis zusammen. Der jüngste Spieler beginnt. Er schwenkt die Schale mit den Pflaumenkernen kurz hoch, sodass die Pflaumenkerne nach oben fliegen und in die Schale zurückfallen. Je nachdem wie die Kerne jetzt liegen, erhält der Spieler Punkte.
Für jeden Kern, der mit der bemalten Seite nach oben liegt, erhält dieser Spieler einen Punkt.
Gewonnen hat, wer zuerst 20 Punkte erreicht.

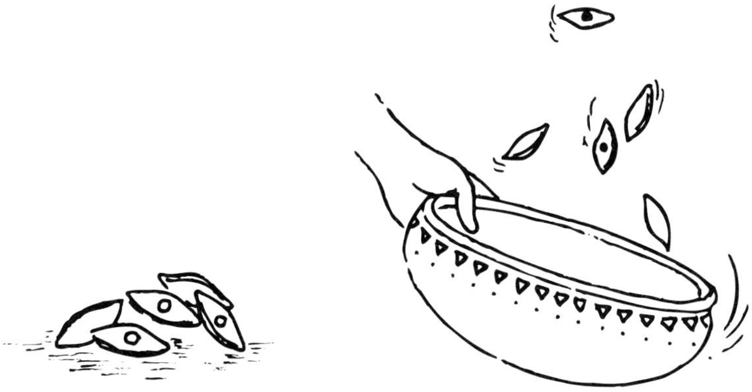

BVK LW30 • Julia Bracke / Anja Walter: Lernwerkstatt „Indianer"

7: Behausungen

Im Nordosten lebten die Irokesen. Ihre Langhäuser bestanden aus Holzbalken und Rinde. Sie waren so groß und lang, dass hier mehrere Familien Platz hatten.

Im Norden an den großen Seen lebten die Algonkin in Wigwams.
Äste wurden halbrund und kuppelförmig zusammengebunden.
Darüber deckten sie Rinde und Schilfmatten.

Die Apachen lebten in Wickiups. Diese Hütten waren kegelförmig gebaut. Mehrere Holzstangen wurden an der Spitze zusammengebunden. Die Wände waren aus Ästen, Zweigen, Binsen und Gras.

Das Stangenzelt der Prärie-Indianer heißt Tipi. Da die Prärie-Indianer den Bisonherden hinterherreisten, musste das Zelt schnell auf- und abgebaut werden können. Das kegelförmige Gestell aus langen Stöcken bekam einen Überzug aus bemalten Bisonhäuten.

Die Indianer aus den trockenen Gebieten des Südwestens lebten in Pueblos. Diese Lehmhäuser wurden oft an Felswände gebaut und hatten auch mehrere Stockwerke. Mit Leitern erreichten die Indianer ihre Häuser.

In Plankenhütten lebten die Indianer an der Küste des Nordwestens. Auf einen rechteckigen Rahmen aus Baumstämmen befestigten die Indianer Holzbretter. Oft stand ein Totempfahl vor dem Haus.

BVK LW30 • Julia Bracke / Anja Walter: Lernwerkstatt „Indianer“

8: Tipi bauen

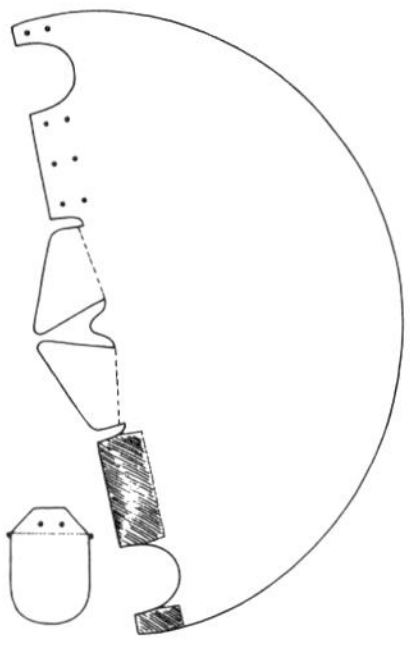

Bastelanleitung:

Du brauchst:
Schablonen, festes Papier, 3 Holzstäbchen, Faden, Buntstifte, Zahnstocher, Schere

So geht es:

1. Schneide die Schablonen aus.

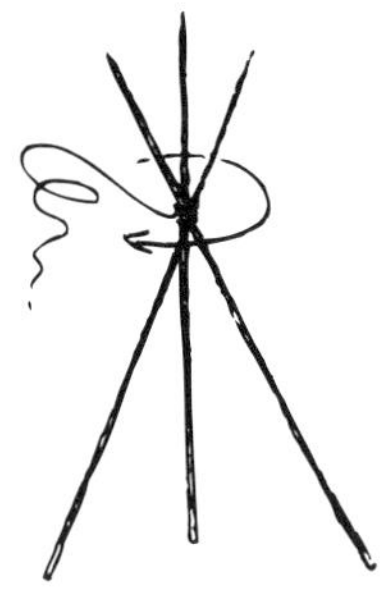

2. Lege die Schablonen auf das feste Papier und zeichne die Umrisse ab.
3. Schneide die Umrisse sorgfältig aus. Schablone 1 wird die Plane deines Tipis.
4. Bemale nun die Plane mit indianischen Motiven.

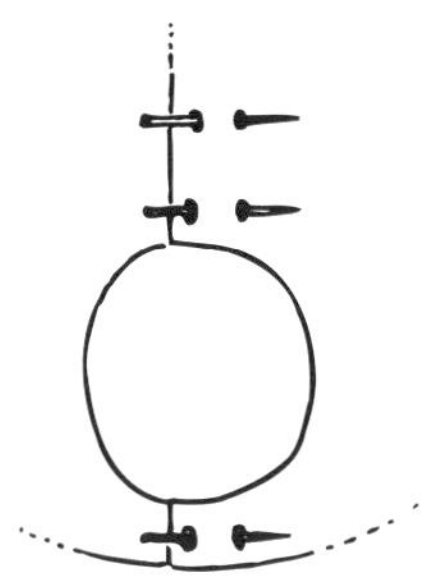

5. Stelle die drei Holzstäbchen auf und verbinde sie oben mit dem Faden.
6. Lege nun die Plane um die Holzstäbe.
7. Den Eingang des Zeltes kannst du mit Zahnstochern schließen.
8. Denke dir ein Zeichen für deinen Stamm aus und zeichne es auf Schablone 2. Befestige es an deinem Tipi.

BVK LW30 • Julia Bracke / Anja Walter: Lernwerkstatt „Indianer“

8: Tipi bauen – Schablone

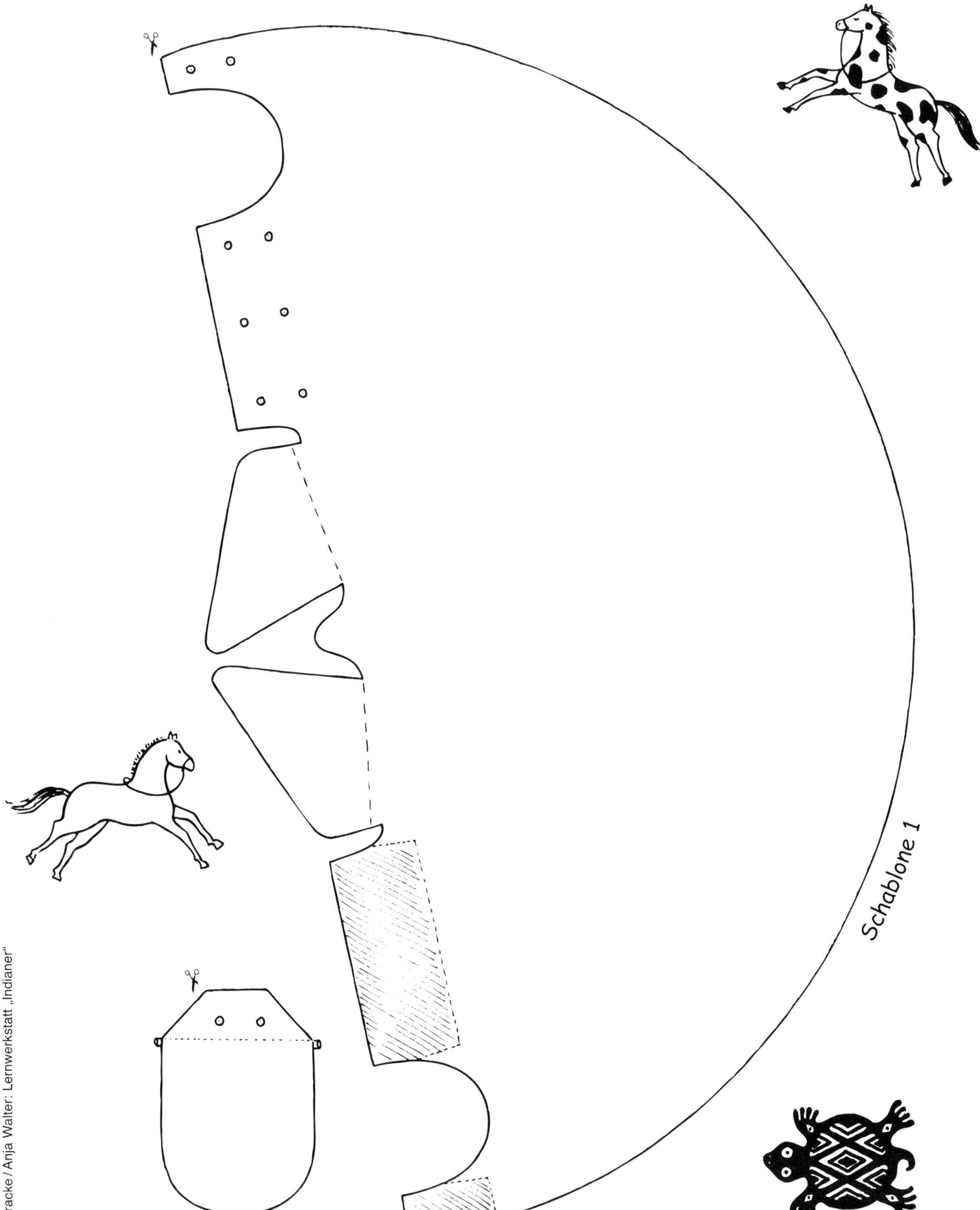

9: Der Bison

Lesetext:

Der Bison ist ein amerikanischer Büffel, der bis zu drei Meter lang und zwei Meter hoch werden kann. Er besitzt einen mächtigen Kopf, einen hoch gewölbten Buckel mit kräftigen Schultern, die mit braunem, wolligem Fell bedekkt sind. Der Bison lebt in großen Herden, oftmals mit hunderten von Tieren zusammen.

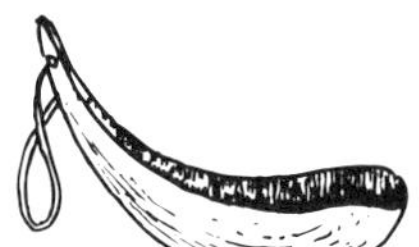

Hornlöffel

Diese Herden zogen durch die Prärie (Graslandschaft) von Amerika. Viele Indianerstämme lebten ausschließlich von der Bisonjagd. Fast alles, was sie zum täglichen Leben brauchten, lieferte ihnen der Büffel. Aus dem Büffelfell und der Büffelhaut fertigten sie ihre Zelte, Kleidung und Decken. Aus den Knochen wurden Nadeln, Spielzeug, Messer und Pfeilspitzen gemacht.

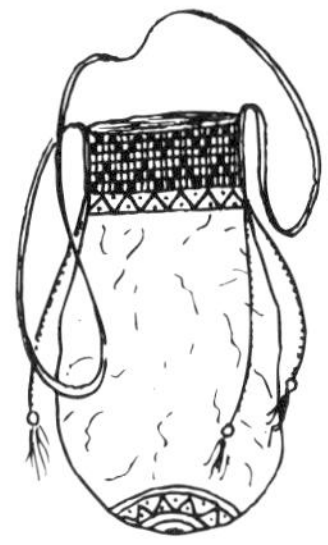

Das Fett des Büffels benutzte man für die Körperpflege und als Nahrung. Die Sehnen konnten als Nähgarn und für die Waffen (Pfeil und Bogen) benutzt werden.

Auch die Innereien wie Blase und Darm wurden als Wassergefäße und Kochtöpfe verwertet. Besonders wichtig war natürlich das Fleisch des Büffels. Es wurde gebraten oder getrocknet verspeist. Für den Wintervorrat wurde das Fleisch mit Beeren, Kräutern und Fett gemischt und getrocknet. Es hieß Pemmikan und war monatelang haltbar. Aus dem Schwanz, dem Kopf, den Hörnern und Zähnen wurden Schmuck und Masken gefertigt.

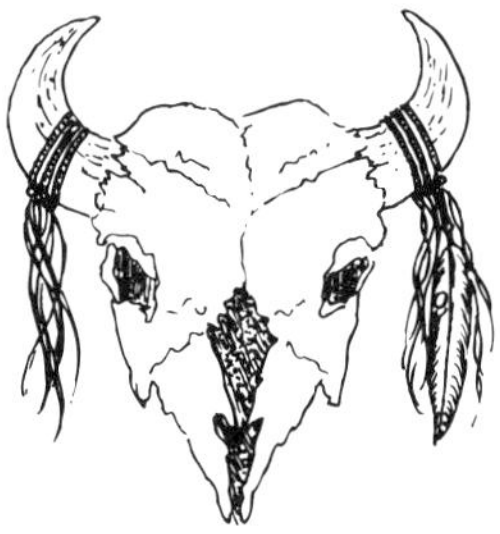

Die Indianer töteten nur so viele Büffel, wie sie zum Leben brauchten. Damals gab es Millionen von Bisons. Doch die Weißen rotteten die Tiere fast aus. Im Jahr 1880 gab es noch 20 Millionen Bisons. 16 Jahre später (1896) waren es nur noch etwas über 600. Die Weißen schossen die Bisons einfach ab, ließen sie liegen und verfaulen. Für die Indianer war das sehr schlimm, denn so wurde ihre Lebensgrundlage vernichtet und sie hatten nichts mehr zum Leben.

Kochen (glühende Steine zum Erhitzen des Wassers)

Braten

BVK LW30 • Julia Bracke / Anja Walter: Lernwerkstatt „Indianer“

9: Der Bison

Lückentext:

Wie hoch konnte ein Büffel werden? __________ Meter.

Viele Bisons lebten in ______________________ zusammen.

Die Bisons zogen durch die _________________ Amerikas.

Zelte und Kleider fertigten die Indianer aus __________________________.

Nadeln und Messer wurden aus __________________ gemacht.

Das Fett konnten die Indianer zur ________________________ und für die Nahrung gebrauchen.

Das Fleisch des Büffels wurde ________________ oder gebraten verspeist.

Kochtöpfe und andere Behälter wurden aus _______________________ und ______________ gemacht.

Für ihre Waffen nutzten die Indianer die ____________________ des Bisons.

Pemmikan war für den Wintervorrat und _______________________ haltbar.

Sie töteten nur so viele Büffel, wie sie zum ___________________ brauchten.

Die _____________________ jedoch vernichteten die großen Bisonherden und schossen sie einfach ab.

Von etwa 20 ________________ Bisons sind im Jahr 1896 nur noch knapp über 600 Bisons übrig geblieben. Den Indianern wurde damit ihre _______________________________________ entzogen.

BVK LW30 • Julia Bracke / Anja Walter: Lernwerkstatt „Indianer“

10: Jagdmethoden

Die Prärie-Indianer haben von dem Bison gelebt, doch es war äußerst gefährlich, diese starken, wilden Tiere zu erlegen. Beschreibe möglichst genau, wie die Indianer die Bisons gejagt haben (Tricks, Waffen, Hilfsmittel).

Klippenjagd: ______________________________

Jagd zu Fuß und getarnt: ______________________________

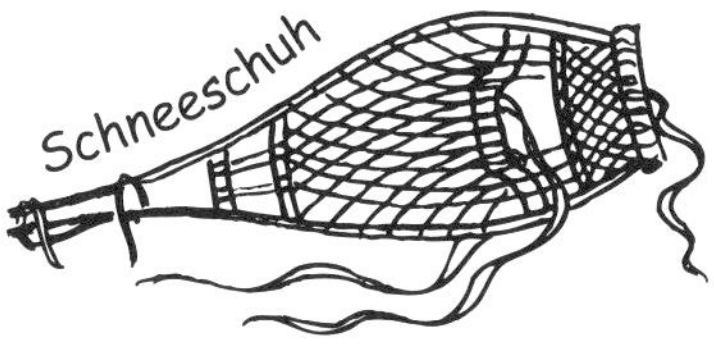

Jagd im Winter: ______________________________

BVK LW30 • Julia Bracke / Anja Walter: Lernwerkstatt „Indianer“

11: Nahrungsquellen und Jagdbeute

Lesetext:

Die Indianer lebten von dem, was sie in der Natur fanden. Dabei achteten sie stets darauf, nur so viel zu jagen und zu sammeln, wie sie wirklich brauchten. Bevor sie Tiere erlegten, wurden die Götter um Jagdglück gebeten und die Tiere um Verzeihung, dass man sie töten muss. Die Küstenindianer suchten sich natürlich andere Nahrung und Beute als die Indianer, die in den Wäldern oder in der Steppe lebten.

In dem Kasten unten findest du die verschiedenen Nahrungsquellen und die Jagdbeute der Indianer.

Schreibe sie geordnet in die Tabelle.

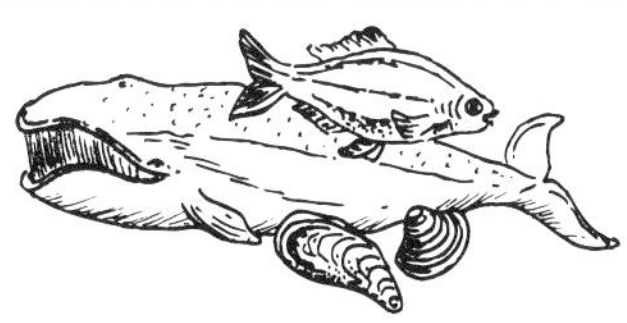		
Tiere des Meeres und der See	Tiere des Waldes, des Feldes und der Steppe	Pflanzen und Früchte

Rotwild, Zwiebeln, Nüsse, Adler, Ziegen, Kakteen, Walrosse, Gräser, Bison, Süßwasserfische, Grashüpfer, Wasserreis, Wale, Eicheln, Schlangen, Muscheln, Dachse, Sonnenblumen, Bären,

Otter, Prärie-Hunde, Austern, Kaninchen, Eisbären, Mais, Robben, Beeren, Bohnen, Biber, Wurzelgemüse, Lachse

BVK LW30 • Julia Bracke / Anja Walter: Lernwerkstatt „Indianer“

12: Tierspuren erkennen

1. Reh 2. Wolf 3. Krähe 4. Bär 5. Hase 6. Pferd

BVK LW30 • Julia Bracke / Anja Walter: Lernwerkstatt „Indianer“

13: Indianischer Kalender

Januar **Schnee-Mond**	Februar **Hunger-Mond**	März **Krähen-Mond**

April **Gras-Mond**	Mai **Pflanzen-Mond**	Juni **Rosen-Mond**
Juli **Hitze-Mond**	August **Donner-Mond**	September **Jagd-Mond**
Oktober **Blattfall-Mond**	November **Biber-Mond**	Dezember **Lange Nacht-Mond**

BVK LW30 • Julia Bracke / Anja Walter: Lernwerkstatt „Indianer“

14: Der heilige Kreis

Die Indianer hatten eine enge Beziehung zur Natur. Sie achteten darauf, das Gleichgewicht der Natur nicht zu stören.

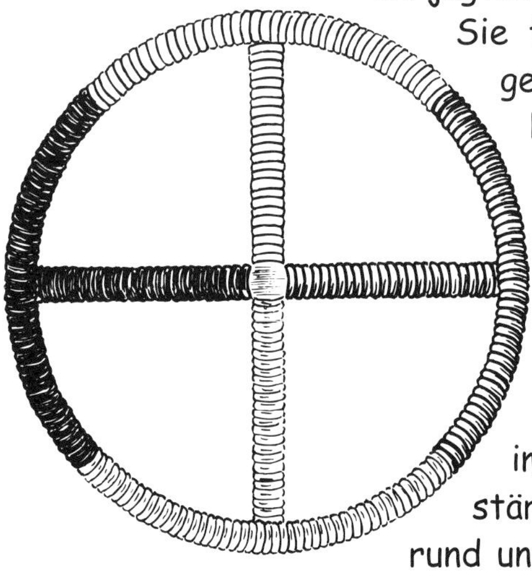

So jagten und fischten sie nur so viel, wie sie gerade brauchten. Sie fällten wenige Bäume. Sie beobachteten die Natur genau.

Dabei ist ihnen etwas aufgefallen: Die Natur ist wie ein Kreis. Deswegen war der Kreis für die Indianer heilig. Der Kreis bedeutete für die Indianer Leben. Sie sagten: „In allem, was die Natur geschaffen hat, findet man den Kreis wieder. Die Erde ist rund, Sonne, Mond und Sterne auch. Die Jahreszeiten ziehen sich wie ein Kreis durch das Jahr und kehren immer wieder. Genauso der Tag und die Nacht. Der stärkste Wind bildet Wirbel. Auch der Baumstamm ist rund und die Vögel bauen ihre Nester rund.“ Deshalb findet man bei allem, was ein Indianer tut, die Form des Kreises wieder. So wurden zum Beispiel alle Versammlungen im Kreis abgehalten. Tänze wurden immer im Kreis getanzt. Auch die Tipis wurden in Kreisform aufgestellt.

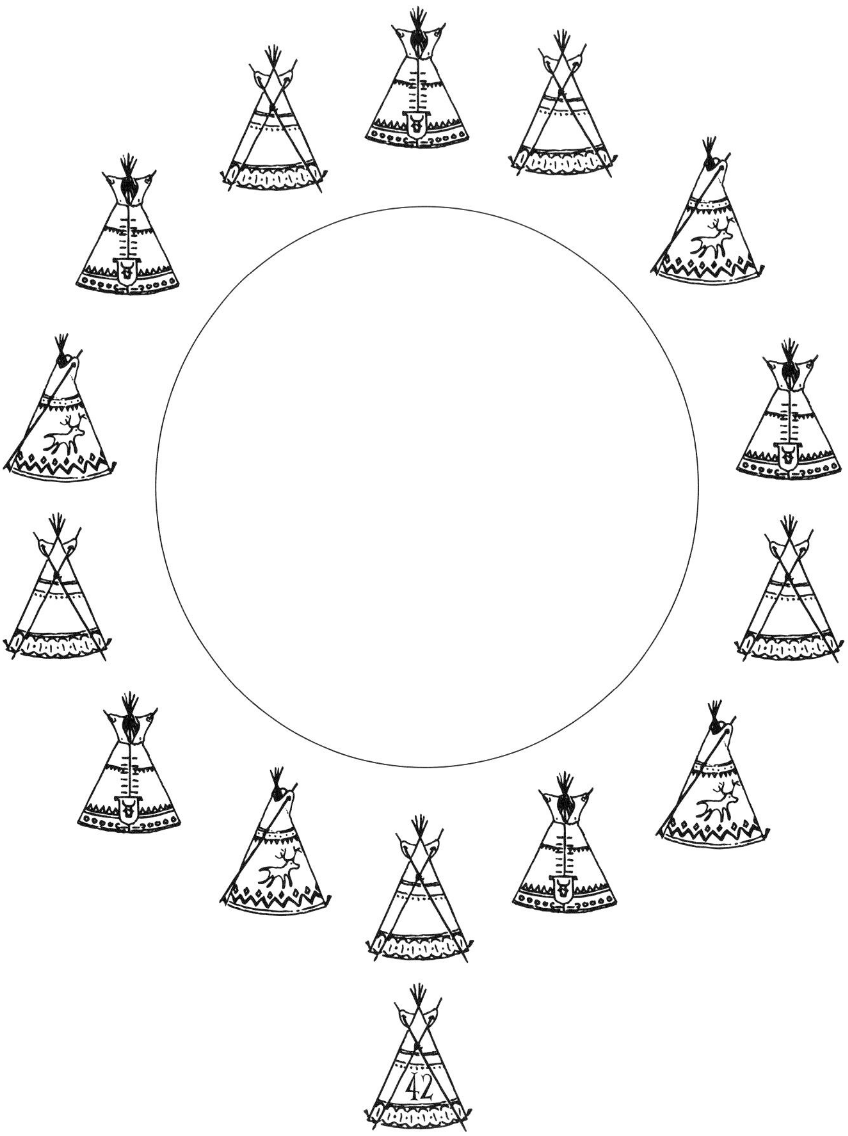

BVK LW30 • Julia Bracke / Anja Walter: Lernwerkstatt „Indianer“

15: Indianischer Glaube

Die Medizinmänner der Irokesen setzten sich Masken mit verzerrten Gesichtern auf, wenn sie Kranke heilten. Damit wollten sie die bösen Geister verwirren und vertreiben, die die Krankheiten brachten. Die Masken nannten sich „Falschgesichter".

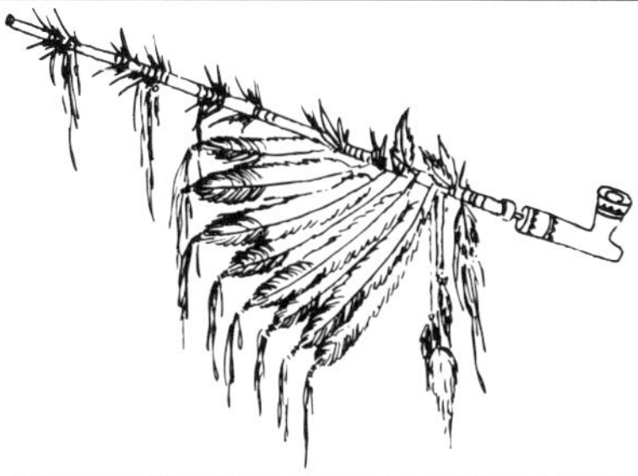

Die Indianer des Südwestens beteten zu Katchina-Figuren aus Holz. Sie baten damit um Hilfe und Schutz. Katchinas waren die Geister der Vorfahren. Es gab etwa 300 verschiedene Figuren, die alle anders aussahen. Den Indianerkindern schenkte man Katchina-Puppen, damit sie lernten, die Geister zu unterscheiden.

Die Indianer des Südwestens glaubten an die heilende Wirkung von Sandbildern. Dazu streute der Medizinmann aus farbigem Sand ein heiliges Wesen auf den Boden. Darauf legte sich dann der Kranke, während der Medizinmann Gebete sprach und Lieder sang. Bei Sonnenuntergang musste das Bild wieder zerstört werden.

Der Medizinmann, die Medizinfrau oder der Schamane waren eine Art Heiler und Priester mit Zauberkräften. Sie wurden bei allen wichtigen Entscheidungen um Rat gefragt. Außerdem waren sie für die Bekämpfung von Krankheiten zuständig, da sie sich gut mit Heilpflanzen auskannten.

Das Rauchen des Kalumet (Pfeife) war eine wichtige Feierlichkeit. Die Pfeife wurde mit einer Mischung aus Tabak und Kräutern gestopft. Mit dem Rauchen der Pfeife betrat man die Geisterwelt. Der aufsteigende Rauch der Pfeife brachte die Gebete zu den Geistern.

BVK LW30 • Julia Bracke/Anja Walter: Lernwerkstatt „Indianer"

16: Das magische Auge

Bastelanleitung:

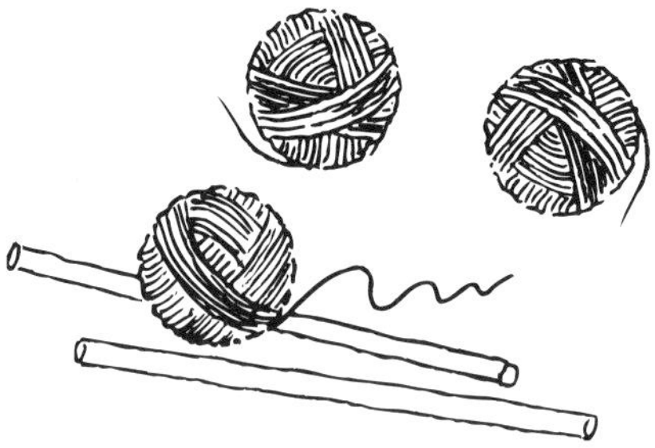

Du brauchst:
2 kleine Aststücke, bunte Wollfäden,
Schere

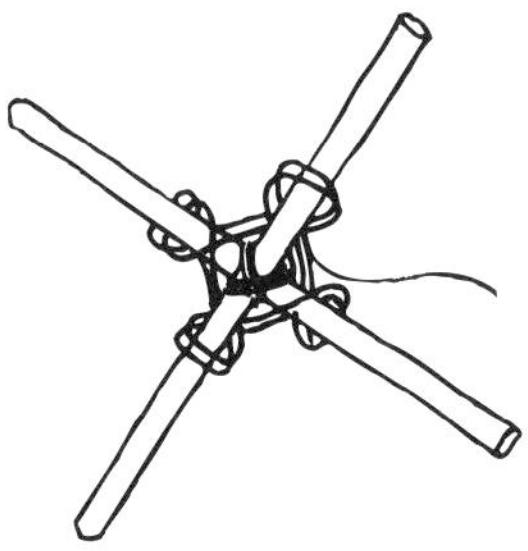

So geht es:
1. Lege zwei Aststücke als Kreuz aufeinander.

2. Verknote die beiden Aststücke mit einem Wollfaden.

3. Knote nun einen neuen langen Wollfaden in der Mitte fest.

4. Jetzt nimmst du den Wollfaden und schlingst ihn abwechselnd von oben und unten um die Astenden.

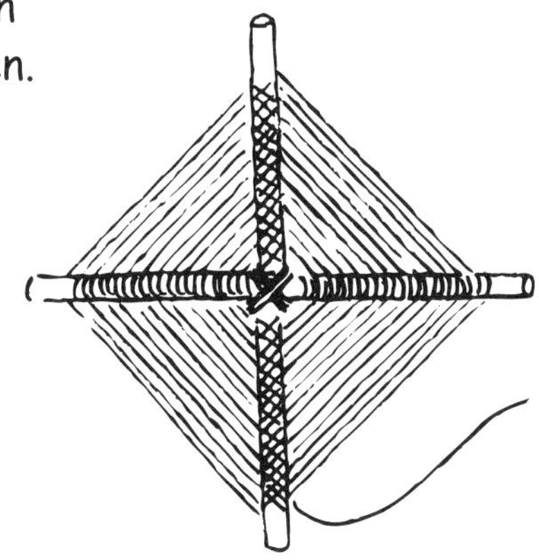

5. Wenn der Faden zu Ende ist, knote einen neuen bunten Faden an.

6. Wickle so eine Fadenrunde nach der anderen.

BVK LW30 • Julia Bracke / Anja Walter: Lernwerkstatt „Indianer“

17: Indianisches Märchen

Lesetext:
Wie das Feuer auf die Erde kam
(Textgrundlage: www.indianer-web.de/maerchen/cheroleg.htm)

1. Am Anfang war die Welt kalt. Die Tiere und Vögel hatten ihre Pelze und Federn sehr nötig, um sich warm zu halten. Da schaute der Donnergott hinab auf die kalte und unfreundliche Erde und sah, dass es so nicht gut war. Er schickte also einen Blitzstrahl hinab, der setzte einen Baum auf einer kleinen Insel in Brand. Der Stamm loderte wie eine Fackel.

2. Alle Tiere sahen zu und freuten sich über die helle Wärme. Aber wie sollten sie das Feuer von der Insel zum Festland bringen? Sie hielten Rat und ein jedes Tier von ihnen wollte helfen. Als Erstes sprach der Rabe:

3. „Das Beste wird sein, ich fliege hinüber zur Insel und bringe etwas von dem Feuer mit." Gesagt, getan. Er flog zur Insel und versuchte, das Feuer zu holen. Aber zurück kam er verbrannt und verängstigt und ohne Feuer. Seit diesem Tag ist der Rabe schwarz.

4. Als nächstes Tier versuchte es die kleine Eule. Sie kam wohlbehalten bis zu dem Baum. Als sie aber in den brennenden hohlen Stamm hinabschaute, schlug ihr die Glut ins Gesicht und verbrannte ihr beinahe die Augen. Seither sind ihre Augen rot und blinzeln bei grellem Licht.

5. Die schwarze Schlange wollte besonders schlau sein. Sie schwamm zu der Insel, kroch vorsichtig durch das Gras und fand ein kleines Loch am Fuß des Stammes. Dort schlüpfte sie hinein und hoffte, sie werde ein wenig Glut davontragen können. Aber im Inneren des brennenden Baumes war es schrecklich heiß. Die Schlange fürchtete zu ersticken. Rasch schlängelte sie wieder zu dem kleinen Loch zurück und kroch hinaus ins Freie.

6. Nachdem es auch der Schlange nicht gelungen war, das Feuer zu holen, waren die Tiere verzweifelt. Keines der Tiere wagte sich mehr in die Nähe des glühenden Baumes. Und immer noch war die Welt kalt und unfreundlich. Da meldete sich die kleine schwarz-rot gestreifte Wasserspinne und bat, einen Versuch wagen zu dürfen. Sie webte eine kleine Schüssel und befestigte sie auf ihrem Rücken. Sie lief über das Wasser zur Insel. Dann zog sie ein winzig kleines Stück glühender Holzkohle aus dem Baum, glitt eilig wieder über das Wasser zurück zum Festland und brachte den Tieren das Feuer. Und wer sich heute die Wasserspinne anschaut, der wird auf ihrem Rücken immer noch die Schüssel entdecken, in der sie die Wärme in eine kalte Welt trug.

BVK LW30 • Julia Bracke / Anja Walter: Lernwerkstatt „Indianer"

17: Indianisches Märchen

1. ______________________________

2. ______________________________

3. ______________________________

4. ______________________________

5. ______________________________

6. ______________________________

BVK LW30 • Julia Bracke / Anja Walter: Lernwerkstatt „Indianer“

18: Indianische Feste

Lesetext:
Wenn ein Kind geboren wurde, bei Hochzeiten, Begräbnissen, bei erfolgreichen Jagden, zu Ehren des Großen Geistes oder einfach um Spaß zu haben, feierten die Indianer große Feste. Benachbarte Dorfgruppen wurden eingeladen, es wurde gegessen, Musik gemacht und getanzt. Zu Zeiten, als Nahrungsmittel knapp waren, konnten solche Feste auch das Überleben einzelner Gruppen sichern, weil es bei den Festen immer viel zu essen gab.

Ein berühmtes Fest der Prärie-Indianer war das „Powwow" (gesprochen „pauwau"). Ursprünglich feierte man damit im Frühling den Neubeginn des Lebens.

Powwow-Tänzer

Man kam zusammen, um zu singen, zu tanzen, um alte Bekanntschaften aufzufrischen und neue zu knüpfen. Solche Feste mussten immer in einer bestimmten Reihenfolge der Tänze ablaufen und ein Powwow erstreckte sich meist über mehrere Tage.

Ein weiteres Indianerfest war das „Potlach". Der Häuptling gab mit Hilfe seiner Leute für viele Gäste ein solches „Geschenkfest". In ihrem Leben gaben viele Häuptlinge nur einen oder zwei Potlach. Dabei verschenkten sie ihr Eigentum, Decken, bemalte Schüsseln oder Boote. Das taten sie, um ihr Ansehen zu steigern und ihren Rang zu sichern. Durch ein Potlach konnte auch ein Häuptlings- oder Adelstitel an die Nachkommen vererbt werden.

BVK LW30 • Julia Bracke / Anja Walter: Lernwerkstatt „Indianer"

18: Indianische Feste

1. Zu welchen Gelegenheiten feierten die Indianer Feste?

2. Wer wurde zum Fest eingeladen?

3. Wann feierte man ein Powwow und wie lange dauerte es?

4. Warum kam man zusammen?

5. Worin unterscheidet sich eine Geburtstagsfeier bei uns von einem Potlach?

Geburtstagsfeier:

Potlach:

BVK LW30 • Julia Bracke / Anja Walter: Lernwerkstatt „Indianer“

19: Federschmuck

Lesetext:
Vor allem die Prärie-Indianer kannten viele Arten, sich selbst zu verschönern. Sie trugen Halsketten, Ohrringe, Armbänder, Fußketten und Haarschmuck. Die Haartracht und die Kopfbedeckungen waren bei den Stämmen verschieden. Die Irokesen trugen zum Beispiel Turbane und die Apachen banden sich Bänder um die Stirn. Die herrlichen Kriegshauben wurden von Häuptlingen und herausragenden Kriegern der Sioux getragen. Der Federschmuck war sehr kostbar, denn er bestand meistens aus Adlerfedern. Deshalb wurde er auch nur zu festlichen Anlässen getragen. Am Kopfschmuck ließen sich folglich auch Rang und Stellung des Trägers ablesen. Bei den Dakota-Indianern wurde jede einzelne Schmuckfeder beschnitten, sodass man an der Form der Feder erkennen konnte, welche Kriegserfahrungen ein Krieger hatte.

Bastle dir nun dein eigenes Federschmuck-Lexikon

So geht es:
1. Schaue dir die unterschiedlich beschnittenen Federn an, die für besondere Tapferkeit verliehen wurden.
2. Nimm dir einen Bastelbogen und schneide die beiden Streifen aus.
3. Klebe die Streifen an den gestrichelten Feldern aneinander.
4. Falte den Streifen nun wie eine Ziehharmonika, sodass du ein Leporello erhältst.
5. Male die richtige Feder auf den Indianerkopf.

Feder mit gezacktem Rand: **vier Heldentaten**

Feder mit rotem Punkt: **tötete einen Feind**

Teilweise ausgerissene Feder: **fünf Heldentaten**

Rotgefärbte Feder: **im Kampf verwundet**

Feder mit abgeschnittener Spitze: **einem Feind die Kehle durchgeschnitten**

Gespaltene Feder: **Träger oftmals verwundet**

Feder mit Kerbe: **einen Feind getötet und seinen Skalp genommen**

BVK LW30 • Julia Bracke / Anja Walter: Lernwerkstatt „Indianer"

19: Federschmuck – Bastelbogen

Mein Federschmuck-Lexikon

Name: ____________

vier Heldentaten

Träger oftmals verwundet

tötete einen Feind

fünf Heldentaten

im Kampf verwundet

einem Feind die Kehle durchgeschnitten

einen Feind getötet und seinen Skalp genommen

BVK LW30 • Julia Bracke / Anja Walter: Lernwerkstatt „Indianer“

20: Die Adlerfeder

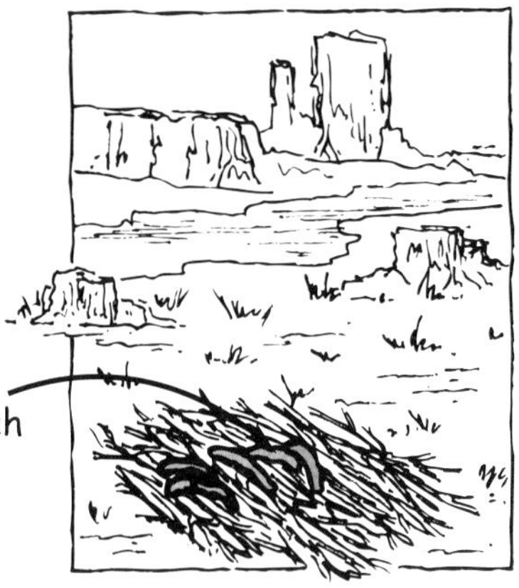

BVK LW30 • Julia Bracke / Anja Walter: Lernwerkstatt „Indianer“

21: Zeichensprache

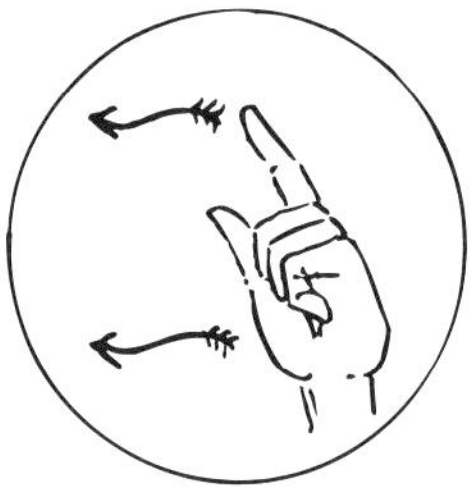
allein

Freund

du / dich

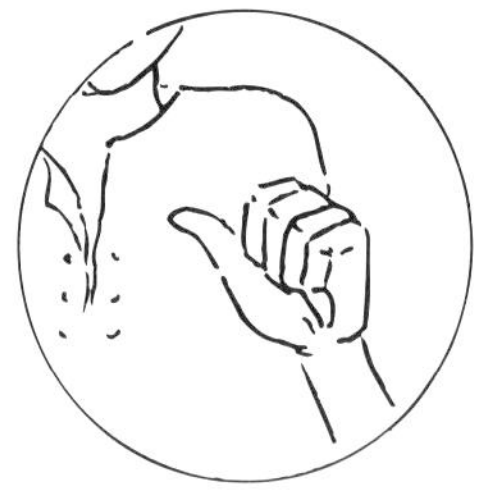
ich / mich

tapfer

Büffel / Bison

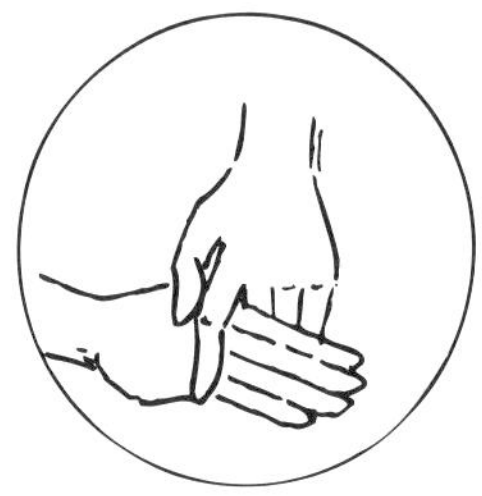
Pferd

Bär

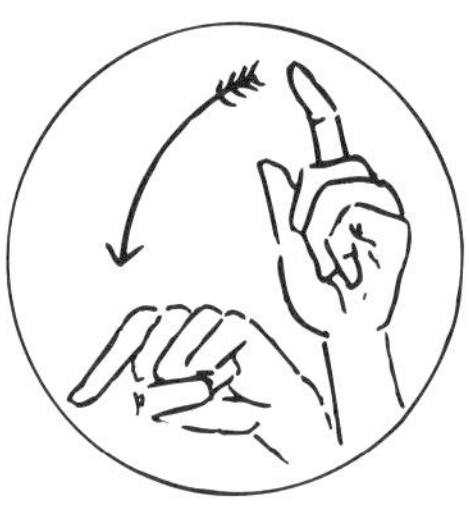
ja

kann nicht

sehen

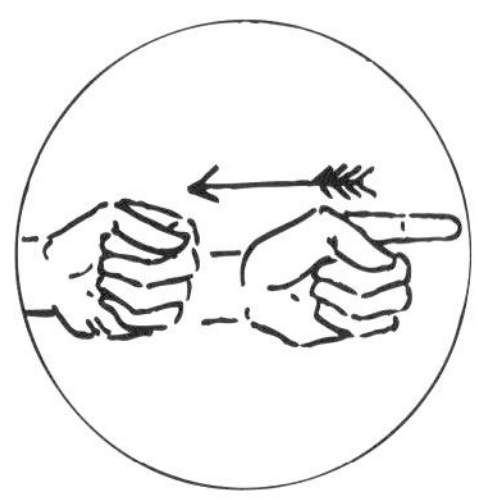
bringen

kommen

Mond

hören

nein

rufen

Essen

trinken

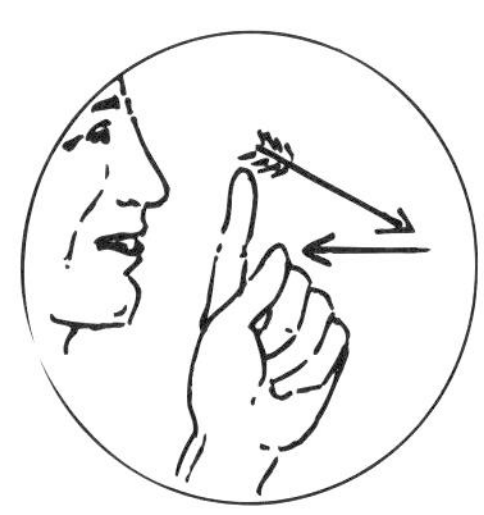
jetzt

BVK LW30 • Julia Bracke / Anja Walter: Lernwerkstatt „Indianer"

22: Indianische Bilderschrift

1. Male die Bilderschrift ab.
2. Schreibe dann zu den Bildzeichen die passende Bedeutung.

Schnee

Diese Wörter können dir helfen:
Bison, Fluss, Mann, Indianerlager, Kanu, Bär, Tipi, Sternschnuppe, Krähe, Frau, singen, Schnee, morgens, Schlange, gehen, hören, Fisch, Feuer, Mond, Wald

BVK LW30 • Julia Bracke / Anja Walter: Lernwerkstatt „Indianer“

23: Indianische Muster zeichnen

1. Zeichne die Muster mit Lineal und einem spitzen Bleistift weiter.
2. Denke dir mindestens zwei weitere Muster aus und zeichne sie in dein Heft / auf ein kariertes Blatt.
3. Male die Muster bunt aus.

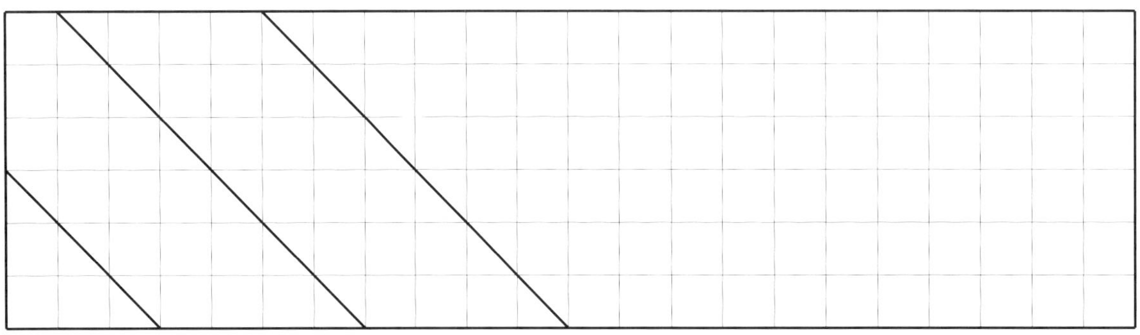

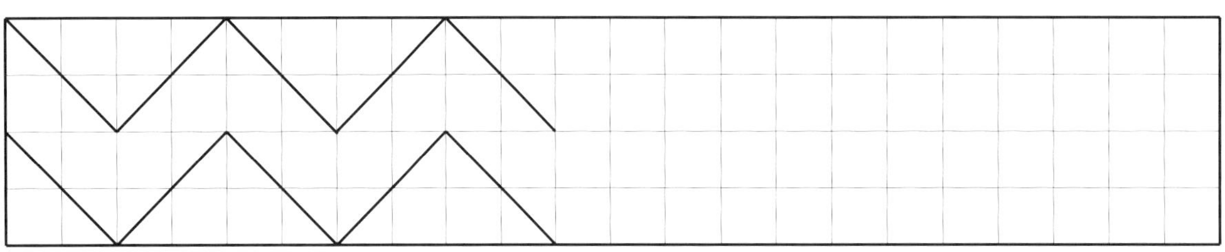

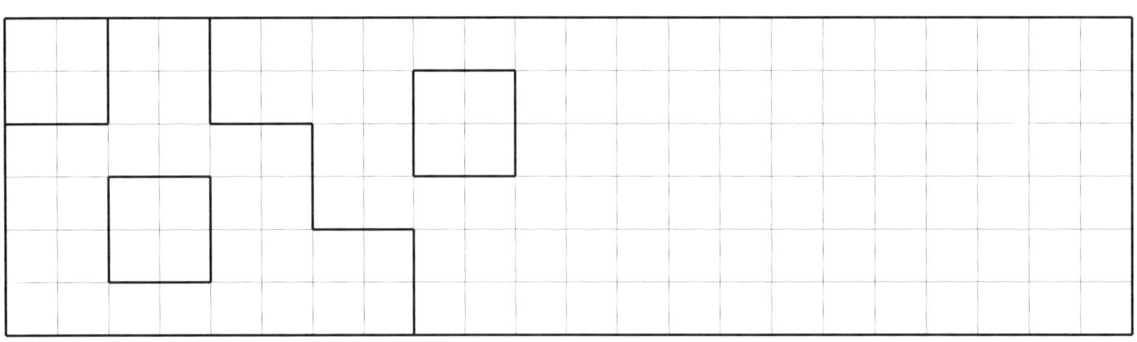

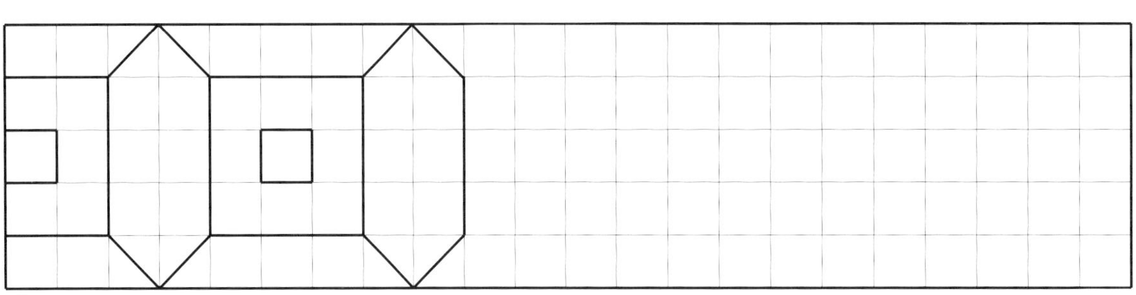

BVK LW30 • Julia Bracke / Anja Walter: Lernwerkstatt „Indianer“

24: Als die Weißen kamen

Lesetext:

Anfang des 19. Jahrhunderts kamen die ersten Europäer, Jäger, Reisende und Forscher nach Amerika. Sie wurden von den Indianern freundlich aufgenommen und es entwickelten sich sogar Freundschaften. Doch dann entdeckte man Gold und der „Goldrausch“ begann. Viele Europäer glaubten, dass man in Amerika sehr schnell reich werden könnte und so kamen immer mehr Weiße in das Land.

Zuerst lebte man noch friedlich miteinander. Die Siedler tauschten Pferde, Werkzeug und Perlen gegen Felle und Leder der Indianer. Doch die Weißen brachten auch Krankheiten mit nach Amerika, an denen hunderttausende Indianer starben. Sie nahmen den Indianern immer mehr Land ab, um Städte bauen zu können, und sie töteten die Tiere, von denen die Indianer lebten. Man hielt die Indianer für dumme Wilde, weil sie anders waren und nichts besitzen wollten, sondern untereinander alles teilten. Mit der Zeit fanden viele Indianerstämme kaum noch Nahrung und sie versuchten, Verträge abzuschließen. Die Weißen jedoch hielten ihre Versprechen nicht ein und wollten immer mehr Land besitzen. So kam es zu blutigen Kämpfen, die fast immer von den Weißen gewonnen wurden, weil die Indianer keine „Feuerwaffen“ (Gewehre) besaßen. Viele Indianer kamen in den Schlachten ums Leben.

Die übrigen Indianer waren gezwungen, sich dem Leben der Weißen anzupassen. Sie leben heute zumeist in kleinen kontrollierten Gebieten, den Reservaten, und arbeiten für geringe Löhne in Fabriken.

Der indianische Häuptling Sitting Bull sagte einst:

„Die Weißen haben mich umzingelt und mir nur noch eine Insel gelassen. Als wir zuerst das Land besaßen, waren wir stark, heute schmilzt unser Land zusammen wie der Schnee auf den Hügeln in der Sonne, während die Weißen wie Grashalme im Sommer aus dem Boden schießen.“

Sitting Bull
„Tatanka Yotanka“
(ein Büffel, der ständig unter uns weilt)

General George Armstrong Custer

BVK LW30 • Julia Bracke / Anja Walter: Lernwerkstatt „Indianer“

24: Als die Weißen kamen

1. Die ersten Europäer wurden	den Indianern immer mehr Land ab, um Städte zu bauen.
2. Aber dann entdeckte	den Weißen erschossen.
3. Auf der Suche nach einem besseren Leben	von den Indianern freundlich aufgenommen.
4. Doch sie brachten Krankheiten mit,	die Indianer fanden kaum noch Nahrung.
5. Mit der Zeit nahmen die Weißen	anpassen und in Reservaten leben.
6. Sie töteten die Tiere und	sich deshalb blutige Kämpfe.
7. Verträge wurden abgeschlossen, doch die	kamen viele Siedler aus Europa in das Land.
8. Weiße und Indianer lieferten	an denen hunderttausende Indianer starben.
9. Viele Indianer wurden von	man in Amerika Gold.
10. Die übrigen Indianer mussten sich	Weißen hielten ihre Versprechen nicht ein.

25: Reservate

Lesetext:

Vor etwa 200 Jahren errichteten die Weißen die ersten Reservate. Sie wollten die Indianer aus den fruchtbaren Gebieten vertreiben und das Land für sich nutzen. Die Weißen bauten immer mehr Städte und töteten die Bisonherden, sodass die Indianer kaum noch Nahrung fanden. Sie konnten nur in den abgegrenzten Gebieten, den Reservaten, überleben und mit ihren Stämmen zusammenbleiben. Die Regierung zwang sie teilweise in weit entfernte Gebiete zu ziehen, wobei viele Indianer bereits auf den langen Fußwegen dorthin starben. In den Reservaten zwang man sie, europäische Kleidung zu tragen und in Hütten zu wohnen. Doch auch in den Reservaten kamen viele Indianer ums Leben. Sie mussten Hunger leiden oder starben an Krankheiten.

Indianische Kinder wurden häufig auf Internatsschulen weit weg von ihren Eltern geschickt oder in nichtindianischen Familien untergebracht. Man gab ihnen neue Namen und es wurde ihnen verboten, ihre eigene Sprache zu sprechen. Die übrigen Kinder in den Reservaten lernten weder lesen noch schreiben, weil es für sie keine Schulen gab.

Auch heute noch gibt es in Amerika etwa 300 Reservate. Das Leben ist dort nicht viel einfacher geworden, weil es für die Indianer kaum Arbeit gibt. Das Land ist unfruchtbar, sodass sie weder Ackerbau noch Viehzucht betreiben können. Das Wasser ist knapp und auch Ärzte gibt es nicht in der Nähe. Viele Indianer sind deshalb sehr verzweifelt und trinken Alkohol.

Nur in wenigen Reservaten verkaufen Indianer eigene Kunstwerke, haben eigene Theater, Casinos und Restaurants.

Bis heute kämpfen die Indianer für ihre Rechte. Durch zahlreiche Aktionen machen sie auf ihre Situation aufmerksam und versuchen ihre Forderungen durchzusetzen.

BVK LW30 • Julia Bracke / Anja Walter: Lernwerkstatt „Indianer“

25: Reservate / Quizkarten

Vor wie vielen Jahren errichteten die Weißen die ersten Reservate?
a) vor etwa 50 Jahren
b) vor etwa 100 Jahren
c) vor etwa 200 Jahren
Antwort: c) ist richtig.

Warum errichteten die Weißen Reservate?
Antwort: Sie wollten die Indianer aus den fruchtbaren Gebieten vertreiben und das Land für sich nutzen.

Warum fanden die Indianer kaum noch Nahrung?

Antwort: Die Weißen hatten die Bisons getötet.

Wie nennt man die abgegrenzten Gebiete, in denen die Indianer mit ihren Stämmen zusammenleben konnten?

Antwort: Reservate

Welche Kleidung durften die Indianer in den Reservaten nur tragen?

Antwort: Sie durften nur europäische Kleidung tragen.

Die Indianer in den Reservaten
a) hatten genug zu essen.
b) mussten Hunger leiden.

Antwort: b) ist richtig.

Richtig oder falsch?
Alle indianischen Kinder konnten in den Reservaten zur Schule gehen.

Antwort: Falsch, es gab keine Schulen.

Die indianischen Kinder gingen
a) in der Nähe zur Schule.
b) in weit entfernte Internate.
c) in Ganztagsschulen.

Antwort: b) ist richtig.

Richtig oder fasch?
Alle Indianerkinder lernten lesen und schreiben.

Antwort: Falsch, viele lernten weder lesen noch schreiben.

Wie viele Reservate gibt es heute noch in Amerika?
a) etwa 30
b) etwa 300
c) etwa 3000
Antwort: b) ist richtig.

Richtig oder falsch?
Das Land in den Reservaten ist besonders fruchtbar.

Antwort: Falsch, es ist häufig unfruchtbar.

Richtig oder falsch?
Das Wasser ist in den meisten Reservaten knapp.

Antwort: richtig

BVK LW30 • Julia Bracke / Anja Walter: Lernwerkstatt „Indianer“

25: Reservate / Quizkarten

Was verkaufen einige Indianer in den Reservaten, um etwas Geld zu verdienen? **Antwort:** eigene Kunstwerke	Richtig oder falsch? Vielen Indianern geht es auch heute noch so schlecht, dass sie für ihre Rechte kämpfen müssen. **Antwort:** richtig
Was tun die Indianer, um ihre Forderungen durchzusetzen? **Antwort:** Sie machen durch zahlreiche Aktionen auf ihre Situation aufmerksam.	Richtig oder falsch? Die Regierung brachte die Indianer mit Planwagen in die Reservate. **Antwort:** Falsch, sie mussten zu Fuß gehen.
Was wurde den indianischen Kindern in den Schulen und in den nichtindianischen Familien verboten? **Antwort:** Es wurde ihnen verboten, ihre eigene Sprache zu sprechen.	Richtig oder falsch? In den Reservaten können die Indianer Ackerbau und Viehzucht betreiben. **Antwort:** Falsch, das Land ist zu unfruchtbar.

BVK LW30 • Julia Bracke / Anja Walter: Lernwerkstatt „Indianer"

Anhang: Spiel

Mokassinspiel

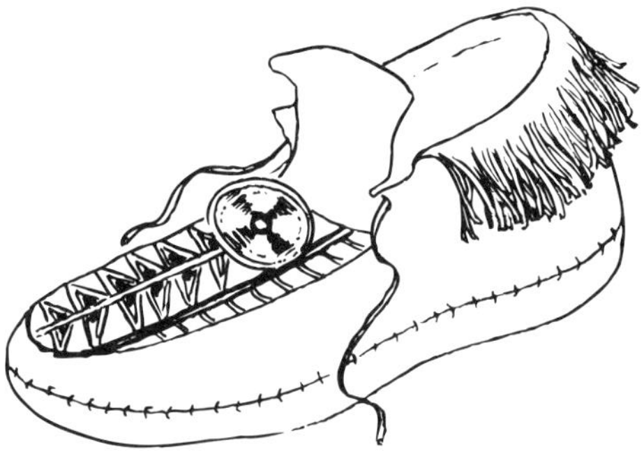

Ein Indianerspiel für die gesamte Klasse:
(diese und weitere Spiele unter www.indianer.de)

Ein bekanntes Glücks- und Ratespiel der Plains- und Prärie-Indianer war das Mokassinspiel:

Zunächst bilden die Spieler zwei Reihen, setzen sich gegenüber hin und wählen einen Spielführer. Jeder Mitspieler stellt seine Schuhe vor sich auf den Boden, sodass sich zwei Reihen gegenüberstehen. Die erste Mannschaft lässt nun einen Spielstein hinter dem Rücken unauffällig von Hand zu Hand wandern. Auf ein Zeichen des Spielführers hin strecken die Spieler die Arme nach vorn über die Schuhe. Unauffällig lässt derjenige, der den Stein hat, diesen in seinen Schuh verschwinden. Nachdem die gegnerische Mannschaft ihren Rater festgelegt hat, muss dieser nun raten, in welchem Schuh sich der Stein befindet. Wird richtig geraten, gibt es für die Ratemannschaft einen Punkt und die andere Mannschaft ist nun dran.

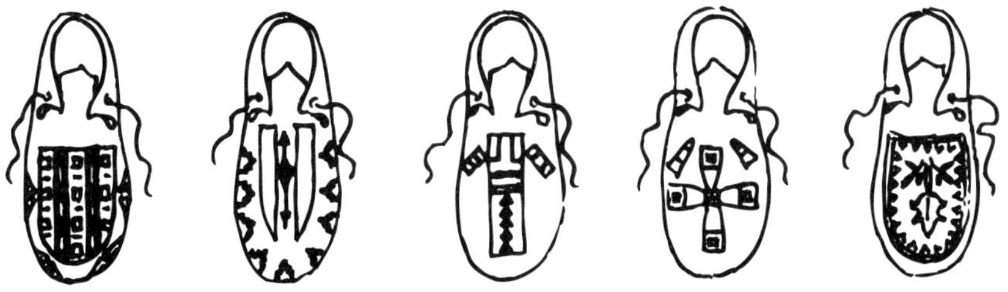

Sioux Arapaho Cheyenne Crow Irokesen

BVK LW30 • Julia Bracke / Anja Walter: Lernwerkstatt „Indianer"

Anhang: Kunstangebot

Die Sage vom Traumfänger

Vor langer Zeit war eine Familie in schrecklicher Not. Ihre Nächte waren von schrecklichen Träumen erfüllt. Der Vater, der keinen Ausweg mehr sah, nahm seine Medizinpfeife und ging hinaus. Ruhig saß er auf einem mit Präriegras bewachsenen Feld, rauchte und lauschte dabei dem Flüstern des Windes.
„Ich kann dir helfen!", hörte er plötzlich. „Wer spricht da zu mir?", fragte der Vater. Als er um sich sah, bemerkte er eine große Spinne, die auf einem Grashalm saß. „Ich bin es, die dich gerufen hat. Ich habe eine Antwort auf deine Gebete. Es sind böse Geister, die dem Chaos entstammen, die dich im Schlaf heimsuchen." Während die Spinne dem Vater das alles sagte, zog sie zwei Grashalme mit Spinnweb zusammen. „Du musst mir nun bestimmte Dinge bringen, damit ich dir helfen kann", sagte die Spinne. Der Vater ging fort und brachte, als er zurückkam, die Dinge mit, die die Spinne erbeten hatte. „Lege zuerst die Feder in das Gewebe, sie steht für die Lüfte und die Geister der Lüfte", sagte die Spinne. „Als Nächstes soll der Stein in das Gewebe gebracht werden, dieser Stein symbolisiert den Geist der Erde. Dann lege die Muschel in das Gewebe, diese Muschel steht für den Geist des Meeres. Zum Schluss lege die Perlenschnur in das Gewebe: Diese Perlen wurden im Feuer gebildet und stehen für die Geister des Feuers.
Nimm nun diesen Fänger der Träume, der die Kräfte von Erde, Wind, Feuer und Wasser in sich trägt. Hänge ihn über dein Bett und du wirst gut ruhen. Weil friedliche Geister sich in einer geraden Linie fortbewegen, werden sie zu dir kommen können. Aber die Geister chaotischen Ursprungs können nicht auf geraden Wegen vorankommen und werden im Gewebe gefangen. Dort werden sie festgehalten, bis die Sonnenstrahlen sie am nächsten Morgen verbrennen."

BVK LW30 • Julia Bracke / Anja Walter: Lernwerkstatt „Indianer"

Anhang: Kunstangebot

Traumfänger basteln

Du brauchst:

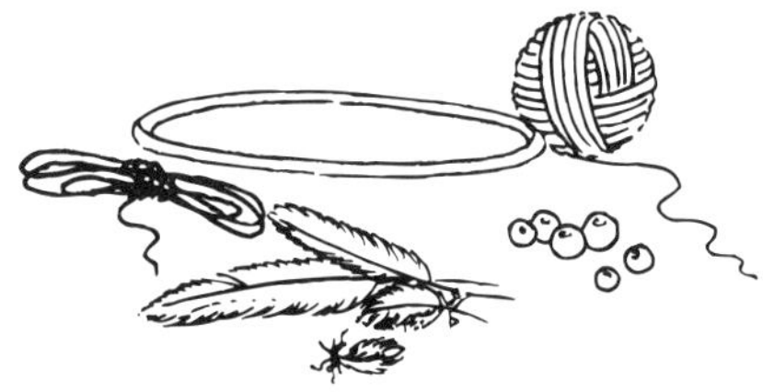

- einen Drahtreifen oder Holzring
- dünne Wolle
- Perlen und Federn
- eine dicke Nadel

So geht es:

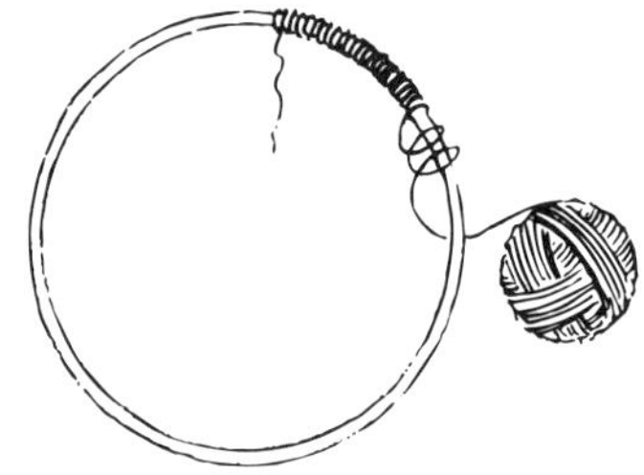

1. Den Reifen mit Wolle umwickeln.

2. Die Enden zu einem Aufhänger zusammenknoten.

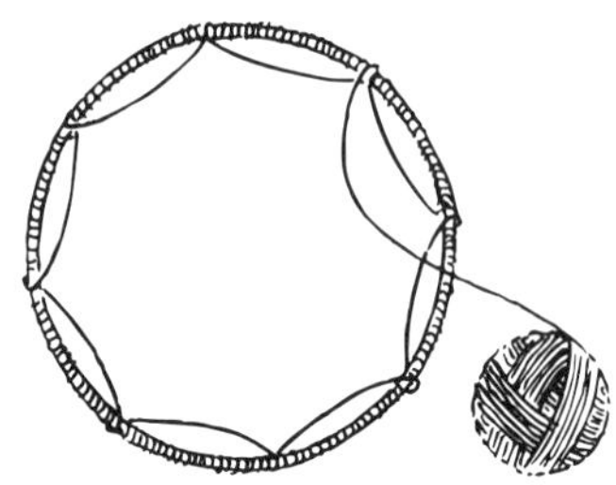

3. Einen Wollfaden in die Nadel einfädeln, um damit das Innere zu weben. Den Anfang des Fadens neben dem Aufhänger festknoten, ihn nach rechts vorne locker über den Ring legen, von hinten durch die so entstandene Schlaufe stecken und festziehen. Den Faden mit Abstand möglichst gleichmäßig um den Reifen schlingen.

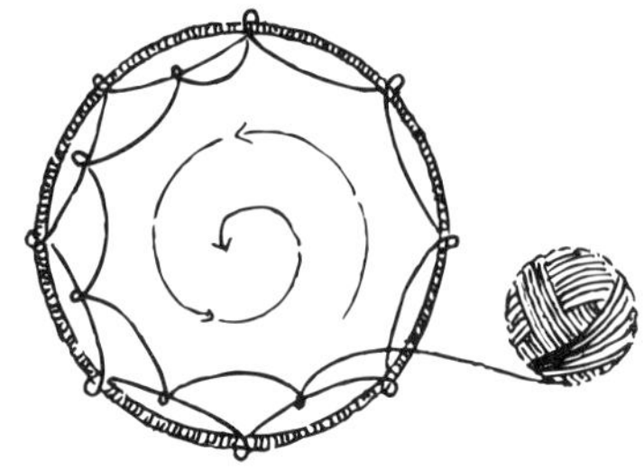

4. Auf die gleiche Art weitere Schlingen bilden, bis man wieder am Anfang angelangt ist.

5. Die entstandenen Fadenabschnitte bilden die Befestigung für die nächste Runde. Mit dem Faden nun auf die gleiche Weise durch die neu entstandenen Abschnitte gehen.

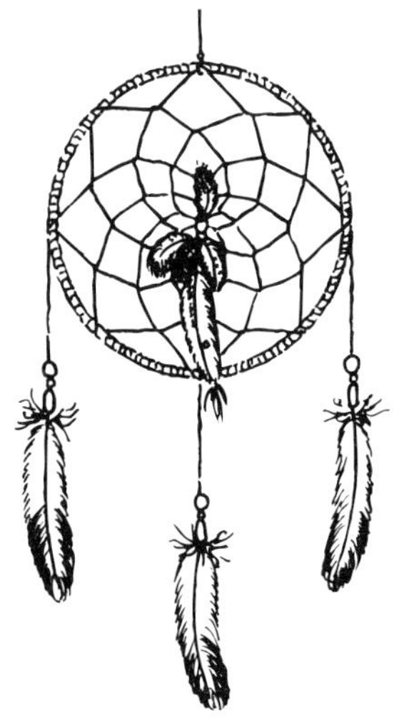

6. So weiter verfahren, bis man zur Mitte gelangt, dort den Faden zusammenziehen und verknoten. Mit dem Fadenende die Feder in der Mitte befestigen.

7. An den Seiten und unten je einen Faden befestigen, darauf Perlen ziehen und an die Enden je eine Feder hängen.

BVK LW30 • Julia Bracke / Anja Walter: Lernwerkstatt „Indianer“

Anhang: Kunstangebot

Indianerbeutel

Die Kleidung der Indianer hatte keine Taschen, deshalb hatten sie viele unterschiedliche Taschen zum Umhängen. Um als Mitglied in eine Stammesgemeinschaft aufgenommen zu werden, wurde bei vielen Stämmen erwartet, dass jemand so lange allein in der Wildnis blieb, bis er eine Fantasie hatte. Als Zeichen musste er einen Gegenstand aus der Natur mitbringen, der ab nun sein „Talisman" sein sollte. Dieser „Talisman", so glaubte man, hatte schützende Kräfte und wurde in einem speziell für ihn angefertigten Beutel immer mitgenommen.

Bei mittelamerikanischen Stämmen „wohnen" in einem solchen Beutel kleine Puppen. Der Besitzer des Beutels erzählt diesen Puppen seine Sorgen und schließt den Beutel zu. Die Puppen nehmen diese Gedanken mit sich und nach einer gewissen Zeit kann das Säckchen wieder geöffnet werden. Es sind dann nur noch die Puppen da, die Sorgen aber sind verschwunden.

Stelle nun deinen eigenen Talismanbeutel oder Sorgenbeutel her.

Material:
- Filzstück, ca. 35 cm x 35 cm
- Woll- oder Baumwollschnüre
- spitze Schere
- Nadel
- Perlen und Federn

Anleitung:

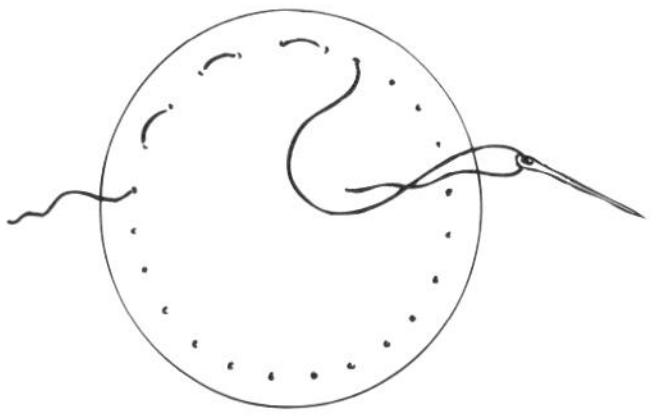

Schneide zuerst ein rundes Filzstück in der Größe einer Tortenplatte (Durchmesser ca. 35 cm) aus.

Im Abstand von ca. 3 cm zum Rand stichst du mit einer spitzen Schere alle 3 cm ein Loch (insgesamt solltest du eine gerade Anzahl Löcher haben).

Nun fädelst du mit der Nadel eine Schnur durch die Löcher und verknotest sie.

Zur Verzierung kannst du Schlaufen mit Perlen und Federn über die Schnur ziehen.

BVK LW30 • Julia Bracke / Anja Walter: Lernwerkstatt „Indianer"

Anhang: Kunstangebot

Donnervögel

Den geheimnisvollen Donnervogel verehrten alle Indianerstämme, wenn auch auf verschiedene Weise.

In der Prärie, wo es besonders beachtliche Gewitter gibt, glaubten sie, dass der Donnervogel ein Gott in Gestalt eines riesigen Vogels sei. Wenn er mit seinen Flügeln schlug, donnerte es. Wenn er die Augen auf- und zumachte, blitzte es. Auf seinem Rücken trug er einen See mit frischem Wasser, aus dem es, wenn er durch die Luft flog, regnete.

Andere Stämme glaubten, dass der Donnervogel bei Gewitter Wale fing und dabei seine Flügel als Bogen benutzte, mit denen er Pfeile abschoss.

Jeder Stamm stellte sich den Donnervogel anders vor. Trommeln, Töpfe und Wände wurden mit den verschiedenen Darstellungen des Donnervogels verziert, da man glaubte, sich so vor bösen Geistern schützen zu können.

Zeichne nun mit Wasserfarben deinen eigenen Donnervogel, der dich vor bösen Geistern schützt, auf ein großes Blatt.

BVK LW30 • Julia Bracke / Anja Walter: Lernwerkstatt „Indianer“

Anhang: Kunstangebot

Totempfähle

Die Indianer der Nordküste waren berühmt für ihre Schnitzereien. Besonders bekannt sind ihre Totempfähle. Diese Pfähle dienten ursprünglich als Eckpfähle für indianische Häuser. Später wurde es Sitte, einen großen Pfahl vor dem Haus zu errichten. Diese Pfähle trugen das Wappentier und den Schutzgeist der Familie. Man glaubte mit bestimmten Wesen verwandt zu sein und schrieb ihnen übernatürliche Kräfte zu. Unter solch einem Schutzgeist stellte man sich häufig ein mächtiges Tier vor, zum Beispiel einen Raben, einen Wolf oder einen Bären. Der Name der Familie war dadurch schon von weitem erkennbar.

Es gibt jedoch noch weitere Arten von Totempfählen. Manche stehen an Gräbern und erinnern an Tote, andere stellen den Stammbaum der Familie dar oder erzählen Geschichten von früher.
Die Pfähle waren 12 bis 20 m hoch. Anfangs wurden die Pfähle nur schwarz, weiß und rot bemalt. Diese Farben konnte man mit Naturmitteln herstellen. Erst als die Indianer Handel betrieben, verwendeten sie auch künstliche Farben.
Baut nun euren eigenen Totempfahl!

Anleitung:
Für einen Totempfahl braucht ihr:
- Papprollen
- Wasserfarben oder Filzstifte
- Tonpapier oder Fotokarton
- Kleber

Beklebt zuerst eure Papprolle mit Tonpapier oder Fotokarton.
Wählt dann mehrere verschiedene Tiere, die entweder etwas mit eurer Familie zu tun haben oder die ihr für besonders stark, flink oder schlau haltet.
Bei indianischen Totempfählen waren die Tiere übereinander dargestellt.
Beklebt oder bemalt nun eure Papprolle mit den von euch ausgesuchten Tieren und indianischen Mustern.
Stellt euren Totempfahl der Klasse vor.
Ihr könnt auch einen Klassen-Totempfahl bauen.
Verwendet dazu am besten eine große Papprolle aus einem Teppichgeschäft!

BVK LW30 • Julia Bracke / Anja Walter: Lernwerkstatt „Indianer“

Anhang: Kunstangebot

Glücksbringer

Bei vielen Indianerstämmen gab es kleine Täschchen in der Form einer Schildkröte. Wenn ein Kind geboren wurde, nähten sie die Nabelschnur in so ein Täschchen ein. Die Schildkröte war bei den Indianern ein heiliges Symbol für die Erde.
Die Täschchen waren deshalb ganz besondere Glücksbringer.

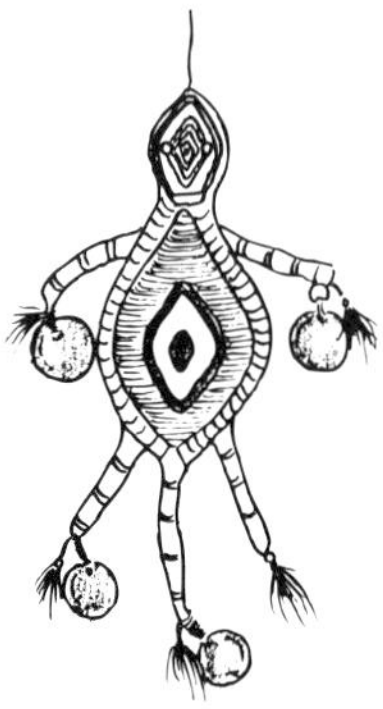

Nähe dir selbst solch ein Täschchen, es bringt dir bestimmt auch ohne Nabelschnur Glück!

Du brauchst:

- 2 Stück Bastelfilz
- Perlgarn und Nähgarn
- Reiskörner oder Watte zum Füllen
- Lineal
- Nadel
- Schablone „Schildkröte“
- Stofffarben
- Pinsel
- 2 kleine Glasperlen
- Stoffkreide
- Schere
- Bleistift

So geht es:

1. Nimm eine Schildkrötenschablone und kopiere die Form zweimal auf den Filz. Dann schneide die beiden Teile vorsichtig aus.

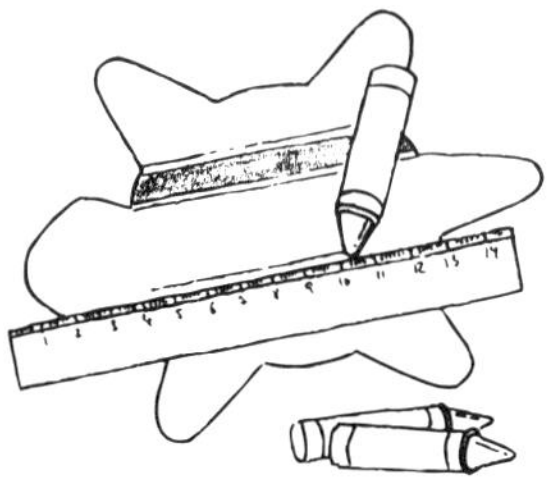

2. Ein Teil wird die Oberseite deines Glücksbringers. Zeichne mit Stoffkreide und mit einem Lineal vier Längsstreifen auf dieses Teil. Male sie anschließend mit Stofffarbe an.

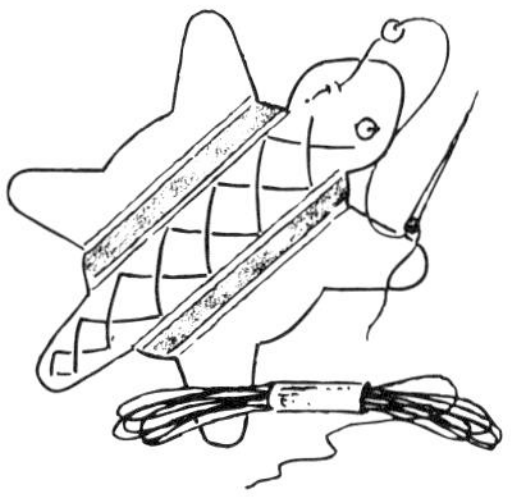

3. Sticke mit Garn ein Kreuzmuster zwischen die Streifen oder male das Muster auf. Nähe Perlen als Augen auf.

4. Nähe Ober- und Unterteil bis auf ein kleines Loch aufeinander. Fülle durch die Öffnung den Reis oder die Watte ein. Nähe das Loch zu.

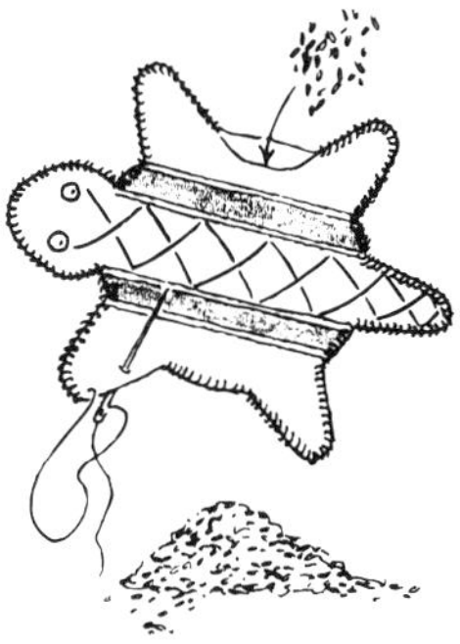

BVK LW30 • Julia Bracke / Anja Walter: Lernwerkstatt „Indianer“

Anhang: Kunstangebot

Glücksbringer-Schablone „Schildkröte“

BVK LW30 • Julia Bracke / Anja Walter: Lernwerkstatt „Indianer“

Anhang: Kunstangebot Guckkasten

c

b

Anhang: Kunstangebot Guckkasten

links | c | a | b | rechts

a

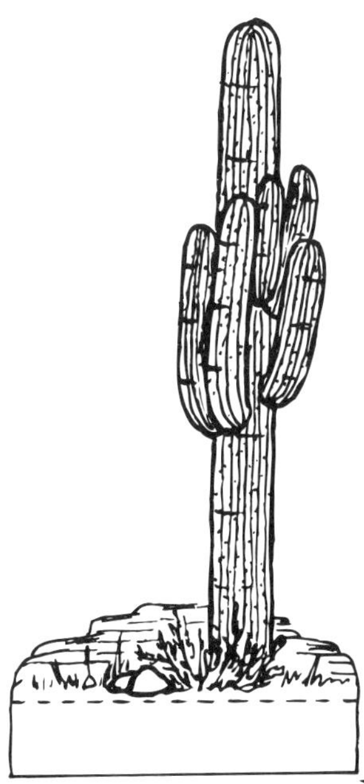

BVK LW30 • Julia Bracke / Anja Walter: Lernwerkstatt „Indianer“

Anhang: Kunstangebot Guckkasten

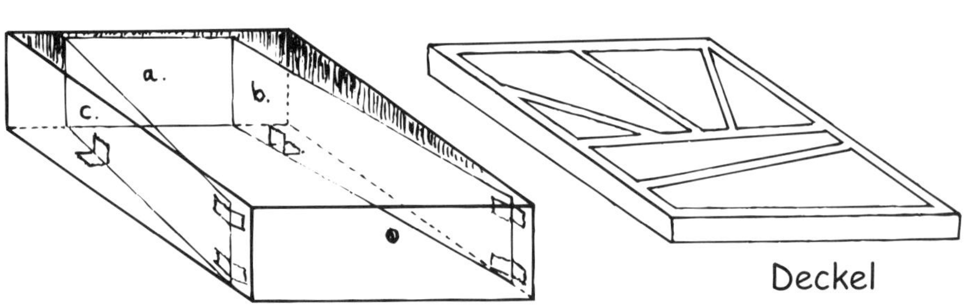

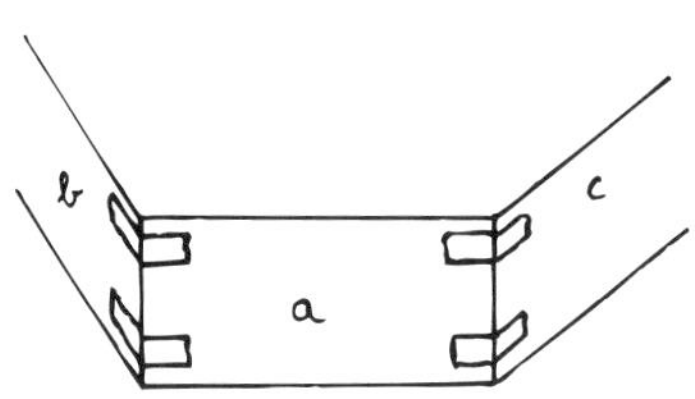

So wird es gemacht:

Kartondeckel:
Den Deckel in mehrere Abschnitte unterteilen und ca. 1 cm breite Stege stehen lassen. Die Abschnitte ausschneiden und mit verschiedenfarbigem Transparentpapier hinterkleben (siehe Zeichnung).

Karton:
Zuerst alle Vorlagen und den Kartonboden anmalen. Die Vorlagen ausschneiden.
Die Seitenteile a, b und c zusammenkleben und im Karton befestigen.
In die Kartonvorderseite ein Guckloch von 3–4 cm Durchmesser schneiden. Die übrigen Teile auf den Kartonboden kleben, hierzu den Steg entlang der gestrichelten Linie nach hinten abknicken.
Den Karton mit dem Deckel schließen – und dann durch das Guckloch sehen.

BVK LW30 • Julia Bracke / Anja Walter: Lernwerkstatt „Indianer"

Musik und Tanz

Die Indianer glaubten, Musik sei die Sprache der Geister, deshalb wurde bei den Indianern viel gesungen und auch getanzt.
Die Sänger und Tänzer der Indianer wurden oft mit Trommeln, Rasseln und hölzernen Flöten begleitet. Die Trommeln wurden aus Baumstämmen gebaut und mit Tierhaut bespannt. Die Rasseln fertigten sie aus Flaschenkürbissen oder Schildkrötenpanzern mit Tierhäuten und füllten sie mit Kieselsteinen oder Bohnen.

So könnt ihr Trommeln und Rasseln nachbauen:

Für eine Rassel brauchst du:
- 1 ausgebrannte Glühbirne
- Toilettenpapierrolle
- Klebestreifen
- Zeitungspapier (in kleine Stücke gerissen)
- Kleister
- Wasserfarben, Klarlack

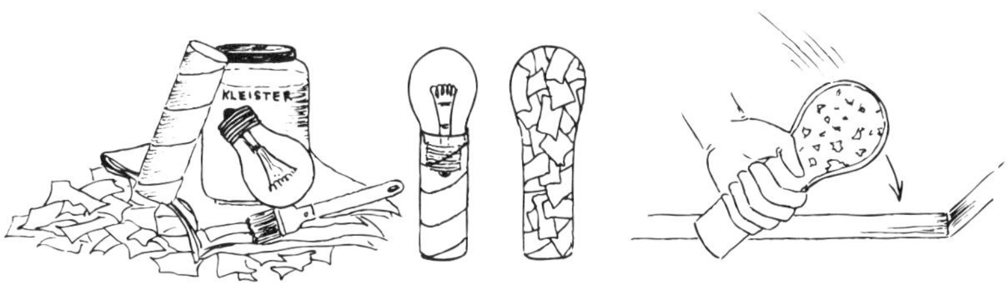

Die Glühbirne wird auf die Toilettenpapierrolle gesteckt und der Hohlraum der Papprolle mit Zeitungspapier ausgestopft und am Boden mit Klebestreifen verschlossen. Nun wird das Gebilde komplett mit Kleister und Papierstreifen (ca. sieben Schichten) beklebt. Nach ein paar Tagen ist die Rassel trocken und wird vorsichtig gegen einen harten Gegenstand geschlagen, sodass das Glas zerbricht. Die eingeschlossenen Scherben geben der Rassel den Klang. Zum Schluss kann sie angemalt und lackiert werden.

Für eine Trommel brauchst du:
Papröhren (oder Blumentöpfe), Pergamentpapier, Kleister, Wasserfarben, Klarlack, Gummibänder

Feste und stabile Papröhren bekommt man in Teppichgeschäften. Diese sollten auf ca. 30-40 cm abgesägt werden. Das Pergamentpapier (insgesamt zwei bis drei Schichten) wird komplett mit Kleister bestrichen und auf eine offene Seite der Röhre geklebt. Dabei muss darauf geachtet werden, dass das Papier stramm sitzt. Es kann zum Trocknen mit Gummibändern fixiert werden. Nach dem Trocknen kann die Trommel mit indianischen Mustern verziert werden.

BVK LW30 • Julia Bracke / Anja Walter: Lernwerkstatt „Indianer“

Musik und Tanz

Klatschrhythmen:
Zuerst klatscht und spricht die Lehrkraft vor und die Kinder sprechen und klatschen (in die Hände, auf Schenkel und Brust) nach. Die Klatschrhythmen ergeben sich aus unterschiedlich langen Wortsilben. Die verschiedenen Sprechrhythmen heißen: MA-NI-TU (Hand-Hand-Schenkel) oder DU-DU-MA-NI-TU (Brust-Brust-Hand-Hand-Schenkel) oder DU-DU-MA-NI-TU-HUCK (Schenkel-Schenkel-Hand-Hand-Hand-Schenkel). Das Sprechen wird nach den Übungsphasen immer leiser, bis zum Schluss nur die Körperinstrumente zu hören sind. So können aus diesen drei Kombinationen Klatschkonzerte komponiert werden (dafür mehrere Wortkarten schreiben und nachklatschen). Schön wird es, wenn die Rasseln und Trommeln dabei zum Einsatz kommen.

Tanzschritte:
Es gab die verschiedensten Tänze für die Indianer (Sonnentanz, Donnertanz, Wolftanz, Bärentanz usw.). Dabei tanzten die Indianer meistens im Kreis. Nach Indianermusik kann man die Kinder frei tanzen lassen. Während sie in einem großen Kreis gehen, können sie Sprünge, Schritte, Drehungen und Gesten erfinden.

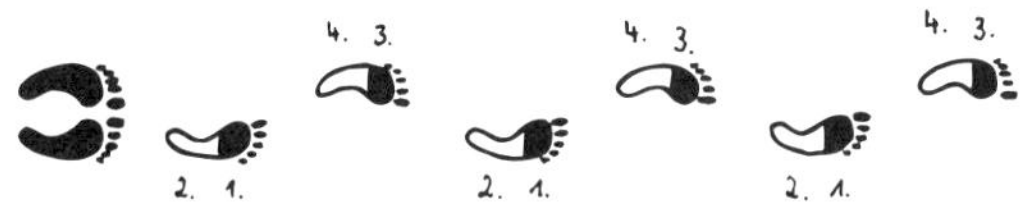

Ein einfacher indianischer Grundschritt ist der Spitze-Hacke-Schritt. Dabei wird zuerst der rechte Fuß leicht auf der Spitze aufgesetzt und danach kräftig die rechte Hacke. Das Gleiche anschließend mit dem linken Fuß wiederholen.

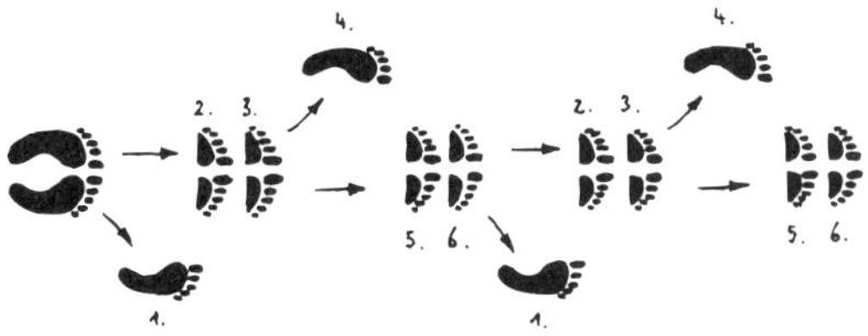

Beim Stampfschritt werden die Hände in die Hüften gestemmt. Ein Bein wird angezogen und stampfend aufgesetzt. Danach erfolgen zwei Hüpfer auf beiden Zehenspitzen. Dann wird das andere Bein angezogen, stampfend aufgesetzt und wieder folgen zwei Hüpfer.

Musiktipps:
- Im Fachhandel bekommt man CDs („American Indian Dances" oder unter „Powwow") zum Mittanzen und Bewegen.
- In der im Kallmeyer Verlag erschienenen Zeitschrift „Grundschule Musik" gibt es ein Themenheft „Indianer und Cowboys" (mit CD), Nr. 16 / 2000.
- Im Musiklehrwerk „Kolibri 3 / 4" mit CD (Schrödel Verlag) findet man Originalmusik und Tanzschritte.
- Auf der CD „Kunterbunte Bewegungshits" von Wolfgang Hering, 2002 erschienen im Ökotopia Verlag, gibt es einen „Indianer-Trommeltanz".
- Von der Zeitschrift „Musik in der Grundschule" gibt es eine Ausgabe zum Thema „Indianer" mit CD, Nr. 1, 2001, erschienen im Schott Verlag.

BVK LW30 • Julia Bracke / Anja Walter: Lernwerkstatt „Indianer"

Rezepte

Gekochte Maistaschen (Indianer des Südwestens)

Du brauchst:
- 1 Tasse Maismehl
- 1/2 Tasse Honig
- 1 Tasse kochendes Wasser
- 3 Hülsen eines Maiskolbens
- Schüssel, Kochtopf, Löffel, Schere

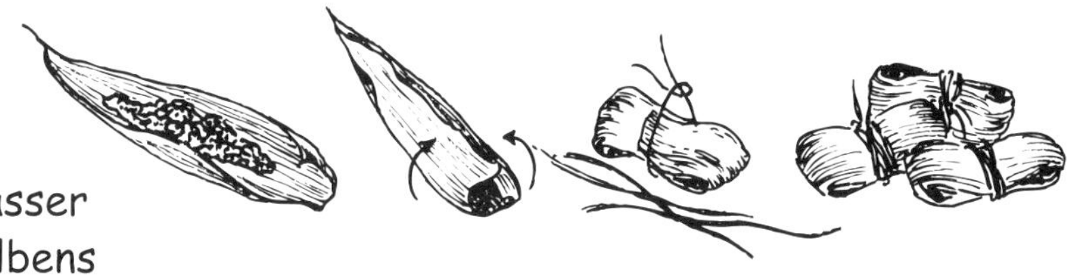

So geht es: Zuerst musst du die Hülsen des Maiskolbens im Wasser weich kochen. Schneide mit der Schere einen dünnen Streifen der Hülse ab, den brauchst du später als Bindfaden, um die Maistaschen zu umwickeln. Danach gibst du das Maismehl in eine Schüssel. Dazu gießt du langsam das kochende Wasser und rührst das Mehl zum Brei. Zum Schluss rührst du den Honig in den Brei. Nun füllst du etwa 2 Esslöffel Brei in die ausgebreitete Hülse und faltest sie anschließend zu einem Päckchen zusammen. Mit dem geschnittenen Streifen kannst du das Päckchen verschnüren. Lege die Maistasche vorsichtig in einen Topf mit Wasser und lasse sie etwa 15 bis 20 Minuten kochen.
Guten Appetit!

Indianisches Brot

Du brauchst:
- 3 Tassen Mehl
- 3 Teelöffel Backpulver
- 1/2 Teelöffel Salz
- 3 Esslöffel Margarine
- 1 knappe Tasse lauwarmes Wasser
- Öl zum Braten
- Puderzucker zum Bestreuen
- Schüssel, Kochlöffel, Teigrolle, Pfanne, Pfannenwender

So geht es: Zuerst vermischst du in der Schüssel das Mehl mit Backpulver und Salz. Dazu gibst du das lauwarme Wasser und die Margarine in kleinen Stückchen. Knete den Teig gut durch und lasse ihn dann eine Stunde ruhen. Danach formst du walnussgroße Kugeln, die du anschließend mit der Teigrolle ganz dünn ausrollst. Nun erhitzt du das Öl in der Pfanne. Lege das Teigstück vorsichtig in das heiße Fett. Das Brot geht schnell auf und wird sofort braun. Du musst das Brot dann schnell mit dem Pfannenwender umdrehen. Danach hebst du es aus der Pfanne und lässt das Öl abtropfen. Zum Schluss streust du Puderzucker darauf.

BVK LW30 • Julia Bracke / Anja Walter: Lernwerkstatt „Indianer"

Bei den Indianern

Station: Pfeil und Bogen

Indianer müssen gut mit Pfeil und Bogen umgehen können. Wenn du keinen Pfeil und Bogen besitzt, kannst du es auch mit einem Schlagball versuchen. Setzt euch auf die Hüpfbälle / das Pferd / den Bock / den großen Kasten und versucht im Reiten, ein Ziel aus einer Entfernung zu treffen.

Du brauchst: Kasten / Bock / Pferd / Hüpfball, Schlagball, Pylone / Kegel

BVK LW30 • Julia Bracke / Anja Walter: Lernwerkstatt „Indianer"

Bei den Indianern

Station: Klettern

Indianer müssen gut klettern können. Versuche, die Geräte zu überwinden ohne den Boden zu berühren.

Du brauchst: Kletterwand, eingehängte Langbank, großen Kasten, 2 kleine Kästen, Stufenbarren, Matten zum Sichern

BVK LW30 • Julia Bracke / Anja Walter: Lernwerkstatt „Indianer"

Bei den Indianern

Station: Mut beweisen

Indianerkinder müssen sehr mutig sein. Besonders, wenn sie zu den Großen gehören wollen. Klettere auf den Baum (hoher Kasten), greife an die Taue, schwinge und springe ins tiefe Wasser (Niedersprungmatte). Wenn du besonders mutig sein willst, verbinde dir die Augen.

Du brauchst: hohen Kasten, Taue, Niedersprungmatte, eventuell Tücher

BVK LW30 • Julia Bracke / Anja Walter: Lernwerkstatt „Indianer“

Bei den Indianern

Station: Kriechen und Schleichen

Als Indianer musst du kriechen und schleichen können. Stütze dich auf den Ellenbogen auf und schiebe dich mit den Füßen vorwärts. Krieche so durch das Dickicht und schleiche zurück.

Du brauchst: 2 Langbänke, Medizinbälle, Niedersprungmatte, eventuell Schwungtuch zum Abdecken, 2 Sprungbretter mit Turnmatten

BVK LW30 • Julia Bracke / Anja Walter: Lernwerkstatt „Indianer“

Bei den Indianern

Station: Kanu fahren

Setzt euch zu zweit in das umgedrehte Kastenoberteil.
Eure Paddel sind Gymnastikstäbe.
Versucht leise und unauffällig vorwärts zu kommen.

Du brauchst: Kastenoberteil, Rollbrett, Gymnastikstäbe

BVK LW30 • Julia Bracke / Anja Walter: Lernwerkstatt „Indianer“

Am Gebirgsbach

Station: Gebirgsbach

Du musst über einen Baumstamm den Gebirgsbach überwinden.
Falle nicht ins Wasser.
Dein Partner kann dich mit dem Seil sichern.

Du brauchst: 2 kleine Kästen, 1 Reckstange, 3 Matten, Seilchen

BVK LW30 • Julia Bracke / Anja Walter: Lernwerkstatt „Indianer“

Anhang: Sport

Tipis suchen (= indianische Wohnform: Zelt)

Bis auf vier Kinder erhalten alle Indianer (Kinder) ein Tipi (Reifen). Die Tipis (Reifen) werden in der gesamten Halle auf dem Boden verteilt. Jeder Indianer steht in seinem Tipi. Vier Kinder haben ja keinen Reifen. Zwei Kinder davon sind die Bären, gekennzeichnet mit einem Parteiband, die die Indianer fangen. Die zwei anderen sind Indianer ohne Tipis. Die Bären jagen die beiden frei laufenden Indianer. Diese können sich in ein Tipi retten. Wichtig: Im Tipi kann man nicht gefangen werden, aber es darf sich immer nur ein Indianer dort aufhalten. Kommt ein frei laufender Indianer auf ein besetztes Tipi zu, muss der im Tipi stehende Indianer sein Tipi frei machen. Dadurch erfolgt ein ständiger Wechsel. Wird ein Indianer gefangen, wird er zum Bären. Er erhält das Parteiband und muss Indianer fangen.

Variation: Wenn das Spiel öfter gespielt wurde, können auch drei Bären drei Indianer fangen oder die Anzahl der Tipis wird verringert.

Heiliges Amulett

„Das heilige Amulett (Murmel, Muggelstein, Anhänger o. Ä.) ist gestohlen worden. 2–3 Häuptlinge machen sich auf den Weg es zu finden ..."

Bevor es losgeht, müssen die Häuptlinge kurz vor die Tür, damit sie nicht mitbekommen, wer die Amulette hat.

Alle Indianer (Kinder) laufen durch die Prärie (Halle). Wichtig: Alle Indianer müssen die Hände geschlossen halten. 2–3 Diebe sind unter ihnen, sie haben jeweils ein Amulett in der Hand.

Die Häuptlinge fangen nach und nach die Indianer. Immer wenn ein Indianer gefangen wurde, muss er die Hand öffnen und zeigen, ob er das Amulett hat. Es wird so lange gespielt, bis die Häuptlinge die Diebe gefunden haben. Witz des Spieles ist, man muss sich merken, wen man schon überprüft hat. Außerdem ist es sinnvoll, dass sich die Häuptlinge beim Fangen untereinander verständigen.

BVK LW30 • Julia Bracke / Anja Walter: Lernwerkstatt „Indianer"

Ausmalvorlagen

Apache

Dakota

Dakota

Pawnee

BVK LW30 • Julia Bracke / Anja Walter: Lernwerkstatt „Indianer“

Ausmalvorlagen

Saki

Yanktonai

Tänzer der Powwow

BVK LW30 • Julia Bracke / Anja Walter: Lernwerkstatt „Indianer“

Lösungen

Zu Werkbereich 4: Familienleben und Erziehung

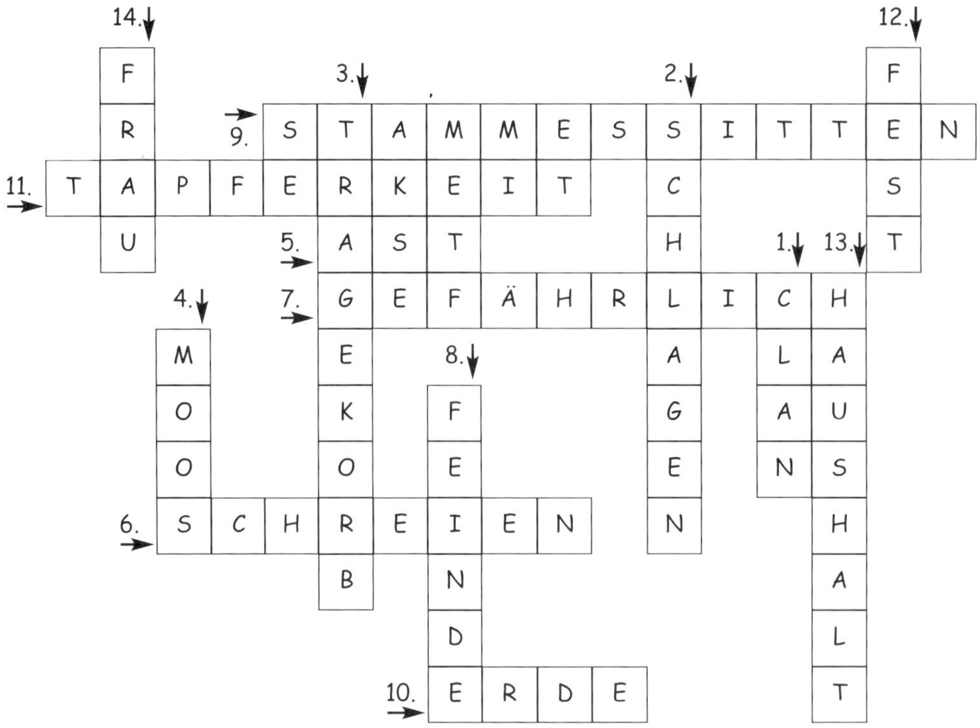

Zu Werkbereich 5: Aufgaben in der Familie

Die Frauen gerbten die Felle der Tiere, **nähten** Kleidung und Schuhe aus Tierhäuten, **kochten** das Essen, **bauten** die Tipis auf und ab, **kümmerten** sich um die Erziehung der Kinder.

Die Mädchen lernten mit sieben Jahren, Mokassins zu nähen und Wild zu **zerlegen**. Mit zehn Jahren konnten sie die Felle **gerben** und aus Bisonteilen Haushaltsgegenstände **fertigen**.

Die Männer **jagten** die Tiere und **stellten** die Waffen her. Die Jungen **lernten** mit sieben Jahren mit Pfeil und Bogen umzugehen. Sie mussten lernen, Schmerzen zu **ertragen**, um tapfere Krieger zu werden. Sie **badeten** im Winter im kalten Fluss, **sprangen** durch Feuer und mussten schnell **laufen** können und sich gegenseitig vom Pferd **werfen**.

Zu Werkbereich 22: Indianische Bilderschrift

Reihe 1: Schnee - Bison - Mann - Fluss

Reihe 2: Indianerlager - singen - Tipi - Sternschnuppen

Reihe 3: Fisch - hören - gehen - Kanu

Reihe 4: Feuer - Schlange - Bär - Frau

Reihe 5: Wald - Mond - morgens - Krähe

Zu Werkbereich 24: Als die Weißen kamen

1. Die ersten Europäer wurden von den Indianern freundlich aufgenommen.
2. Aber dann entdeckte man in Amerika Gold.
3. Auf der Suche nach einem besseren Leben kamen viele Siedler aus Europa in das Land.
4. Doch sie brachten Krankheiten mit, an denen hunderttausende Indianer starben.
5. Mit der Zeit nahmen die Weißen den Indianern immer mehr Land ab, um Städte zu bauen.
6. Sie töteten die Tiere und die Indianer fanden kaum noch Nahrung.
7. Verträge wurden abgeschlossen, doch die Weißen hielten ihre Versprechen nicht ein.
8. Weiße und Indianer lieferten sich deshalb blutige Kämpfe.
9. Viele Indianer wurden von den Weißen erschossen.

BVK LW30 • Julia Bracke / Anja Walter: Lernwerkstatt „Indianer“